Study on the Impact of Financial Leasing
in China's Equipment Manufacturing Industry

# 融资租赁
# 对我国装备制造业的影响研究

朱成科 著

中国科学技术大学出版社

## 内 容 简 介

本书基于2008—2014年我国装备制造业上市公司的数据，深入探讨了融资租赁对行业销售收入、应收账款及其质量的影响。研究发现，融资租赁在促进部分行业销售收入的同时，也导致了应收账款的增加和质量的下降。通过构建应收账款评价体系，比较了使用和未使用融资租赁企业的应收账款质量差异，并提出了针对不同细分行业的政策建议。

本书适合装备制造业从业者、融资租赁和企业财务管理专业人士、政策制定者及学术研究者参考，为理解和优化融资租赁在装备制造业中的作用提供有价值的理论与实证支持。

**图书在版编目(CIP)数据**

融资租赁对我国装备制造业的影响研究 / 朱成科著. -- 合肥 ：中国科学技术大学出版社，2025.4. -- ISBN 978-7-312-06147-9

Ⅰ. F426.4

中国国家版本馆CIP数据核字第2024XY9174号

**融资租赁对我国装备制造业的影响研究**

RONGZI ZULIN DUI WO GUO ZHUANGBEI ZHIZAOYE DE YINGXIANG YANJIU

**出版** 中国科学技术大学出版社

安徽省合肥市金寨路96号，230026

http://press.ustc.edu.cn

http://shop165982125.taobao.com

**印刷** 安徽省瑞隆印务有限公司

**发行** 中国科学技术大学出版社

**开本** 710 mm×1000 mm 1/16

**印张** 9

**字数** 169千

**版次** 2025年4月第1版

**印次** 2025年4月第1次印刷

**定价** 50.00元

# 前　言

在全球经济一体化的大背景下，融资租赁作为一种创新的融资方式，在国际市场中已经展示出其独特的优势，并且已被广泛地应用。对于资本密集型的行业，尤其是装备制造业，融资租赁不仅可以解决传统融资方式难以克服的资金短缺问题，还能够通过灵活的融资结构优化企业的资本配置和财务管理。在我国，随着经济的快速发展和产业结构的优化升级，融资租赁在装备制造业中的应用逐渐增多，对行业的发展起到了积极的推动作用。然而，融资租赁对我国装备制造业的具体影响及作用机制，尚缺乏系统的理论研究和实证分析。正是基于这样的认识，本书顺势而成。

本书的撰写初衷是通过系统的理论阐述和严谨的实证分析，全面分析融资租赁在我国装备制造业中的应用现状、受影响因素及其经济效应等问题。全书不仅回顾了融资租赁的基本理论和发展历程，而且利用2008—2014年的数据，通过面板回归模型和因子分析等方法，详细研究了融资租赁是如何影响装备制造业的销售收入和应收账款管理的。此外，本书还尝试提出针对现行政策和市场实践的具体建议，旨在为政策制定者和行业实践者提供参考。

撰写本书是一次深入的学术探索的过程，也是对现有研究成果的一次系统性整合。在此，特别感谢淮北师范大学学术著作出版基金的资助，使得这项研究得以顺利进行并最终完成。同时，感谢所有参与本研究的同事和学者，他们的辛勤工作和宝贵意见使得本书的内容更加丰富和权威。也感谢我的家人对我研究工作的理解和支持，没有他们的鼓励和帮助，完成这本书将会更加艰难。

希望本书能够为融资租赁在装备制造业中的应用提供科学的分析框架和实践指南,为相关领域的研究者、企业管理者以及政策制定者提供有价值的信息和启示。同时,也希望本书能够激发更多学者对融资租赁这一领域的研究兴趣,推动相关学术研究和行业实践。

朱成科

2024年8月

# 目　　录

# 第 1 章　绪　　论

## 1.1　研究背景及意义

### 1.1.1　研究背景

现代融资租赁起源于 20 世纪 50 年代的美国。第二次世界大战之后，美国出现了大量工业产品生产过剩的情况，制造厂商为了将生产的设备销售出去，从业人员在传统租赁交易方式的基础上，采用了这样一种新的方式，即将设备出租给客户，客户只享有设备的使用权，所有权仍保留在制造厂商手里，直到厂商收回全部租金，此时，厂商再以名义价格将设备卖给客户。1952 年，美国人 Henry Schoenfield 创建了美国历史上第一个从事融资租赁业务的公司——美国租赁公司。20 世纪 60 年代至 70 年代，西欧国家的融资租赁取得了快速发展。而我国在改革开放之后才引入融资租赁模式，迄今只有三四十年的历史。

进入 21 世纪之后，尤其是国际金融危机以后，全球经济出现了衰退，国际市场需求不足，我国的工业产品销售也受到了不同程度的影响，产能利用率出现了下降的趋势，部分行业的产品出现了"过剩"的情况。

从现代融资租赁的起源可以看到，促进设备的销售是融资租赁的一个重要功能。所以针对我国工业企业产能过剩的情况，作为贸易与金融于一体的融资租赁，对企业而言，尤其是装备制造企业产品的销售发挥着重要作用。一方面，融资租赁可以促进汽车、工程机械等设备的销售，可以化解部分行业过剩的产能；另一方面，随着我国"一带一路"的深化，通过国际租赁等模式，可以将过剩的产能输出到国外，为装备制造企业提供金融方面的支持。

近些年来，我国在政策上加大了对装备制造企业的金融支持，尤其是在融资租赁方面。2010 年颁布的《国务院关于加快培育和发展战略性新兴产业的决定》中指出，到 2020 年，将高端装备制造产业发展成为国民经济的支柱产业。其后召开的国务院常务会议提出，鼓励金融机构对有关技术改造项目提供金融上的支持，支持企业采用融资租赁等方式开展技术改造，扩大企业直接融资的规模。

2015 年 5 月 18 日，国务院发布了《中国制造 2025》。从规划的内容可以看到，中央政府在政策上将装备制造业作为一个重要的发展方向，使我国从“制造大国”跨越到“制造强国”。装备制造业产业间有较强的关联度，也能够提供较多的就业岗位，对国民经济的各行业提供了战略支持。落后的装备需要通过不断的技术升级来适应企业的发展，而设备升级面临两大问题：第一是资金问题，第二是风险问题。首先，通过融资租赁方式使装备制造企业获得了设备，而采用融资租赁时，租金的支付一般是分期进行的，这样可以在获得设备的同时，节约大量资金作为生产运营活动所需要的流动资金，也使资金的运用会更加的科学；其次，在购买设备的同时，装备制造企业与出租人可以共同分担设备的投资风险，可以合理运用融资租赁本身的特点，行使相关的权利，这样可以提高企业对设备升级换代的积极性，进一步促进产业的发展。国家制定更多的融资租赁相关政策来支持企业采用融资租赁模式，以便企业更好地利用现代金融工具来带动企业发展。在公布的《中国制造 2025》文件中，鼓励符合条件的制造企业通过贷款和租赁资产证券化来融资，支持重点领域大型制造业企业或集团通过融资租赁对设备进行升级。同时，国家的各项政策和企业实际需求也体现了采用融资租赁等方式以促进装备制造企业的发展的必要性。

2015 年 9 月 7 日，国务院下发了《关于加快融资租赁业发展的指导意见》，文件提出鼓励建筑施工机械、铁路设备等行业企业通过融资租赁方式拓展国际市场。① 9 月 8 日，国务院下发《关于促进金融租赁行业健康发展的指导意见》，文件提到鼓励金融租赁公司充分采用投资、促销等手段，服务“一带一路”和“中国制造 2025”。②

2008 年金融危机之后，我国政府推出了 4 万亿投资计划，有越来越多的上市公司通过投资设立融资租赁公司或者持股融资租赁公司的股份来涉足融资租赁业务，而涉及租赁业务的大多数公司都是装备制造行业的上市公司，却并

① 《关于加快融资租赁业发展的指导意见》全文见 http://www.moa.gov.cn/zwllm/zcfg/flfg/201509/t20150910_4824525.htm。

② 《关于促进金融租赁行业健康发展的指导意见》全文见 http://www.gov.cn/zhengce/content/2015-09/08/content_10147.htm。

不是具有金融行业背景的专业公司。崔佳宁(2014a)认为,具有工业制造背景的上市公司涉足融资租赁业的原因可能有以下几个方面:

(1) 与非金融行业相比,金融行业利润高。依据上海证券交易所2015年上市公司报告显示,在1094家上市公司中,非金融类上市公司营业收入达17.32万亿元,同比减少8.57%,净利润0.58万亿元,同比减少21.93%。而金融行业的表现比非金融行业要好得多。以银行为例,沪市上市银行共14家,2015年营业收入3.53万亿元,净利润达1.24万亿元。依据深圳证券交易所2015年上市公司报告显示,在1766家上市公司中,非金融公司净利润下降1.98%,主板公司净利润下降14.38%,制造企业中交通运输和邮政业、采矿业、非金融矿物制品业利润分别下降36.12%、31.02%和57.70%,黑色金属冶金和有色金属冶炼等行业甚至收不抵支。《2015年中国企业500强报告》显示,在中国500强企业中,制造业占多数,但制造业营业收入仅占全部企业收入总额的40%,净利润仅占18.8%。而五大国有银行(工农中建交)净利润占五百强企业的35.6%。通过这些数据可以看出,金融业的利润远远高于非金融业的利润,这也是很多上市公司涉足融资租赁业务的重要原因之一。

(2) 融资租赁准入门槛较低。从注册资本方面来看,商业银行的注册资本为10亿元人民币以上,信托公司的注册资本最低要求为3亿元人民币或等额的可自由兑换货币,而金融租赁公司注册资本仅为1亿元人民币以上或等额的可自由兑换货币,从注册资本就可以看出租赁的门槛较低。另外,商业银行、信托在审批程序上都比融资租赁复杂。

然而,2011年之后,我国装备制造业,尤其是工程机械行业,出现了大量的融资租赁违约的情况,承租人无法按时偿付租金的情况经常发生。根据行业协会统计,2012年工程机械行业融资租赁的平均违约率为25%~30%。除了宏观调控因素的影响外,我们不禁思考造成这种现象的原因是什么,融资租赁对装备制造业有哪些影响。

综上,我国制造行业存在生产过剩的情况,融资租赁的促销功能可以在解决这个问题的过程中发挥重要作用。同时,近年来我国政府大力发展和扶持融资租赁行业,越来越多的上市公司,尤其是装备制造业企业,涉足融资租赁业务等现象,以及近几年工程机械融资租赁违约频发等现象,构成了本书的研究重点。

### 1.1.2 研究意义

面对融资租赁在我国的宏观背景和微观背景情形下,我们有必要从经济学的角度来对融资租赁在装备制造业中的影响进行研究,此研究在理论和实践方面都有着重要的意义。

本书的理论意义包括:

(1) 通过对现有文献的梳理,关于融资租赁对装备制造业销售收入的影响研究,前人多以定性分析为主,而本书通过理论模型和计量经济学模型相结合来对融资租赁的销售行为进行研究,为研究该问题提供了一个新的研究角度。

(2) 通过建立计量经济学模型来解释融资租赁对装备制造业应收账款的影响,对以往的文献进行了理论补充。

(3) 从销售方的视角建立融资租赁业务中最优应收账款期限的理论模型,为研究融资租赁和应收账款关系提供了重要参考。

本书的现实意义包括:

(1) 通过实证分析发现,促进产品的销售是装备制造业涉足融资租赁业务的一个重要原因,通过对装备制造业各行业企业的分析,发现融资租赁对通用性较强的设备促销尤为显著,这为不同行业的制造厂商是否可以涉足融资租赁业务提供了参考。

(2) 通过实证分析发现,在合并的财务报表中,融资租赁在促进销售收入增加的同时,也导致了应收账款的增加,这为企业采用何种信用销售政策提供了参考。当装备制造业的信用销售政策较为激进时,相应的应收账款也会增加较快,装备制造企业应在销售收入和应收账款之间找到适合自身的平衡点。

(3) 通过因子分析对应收账款质量进行了评价,并对装备制造业各行业企业的应收账款质量进行了分析,这为不同的行业在管理应收账款方面提供了参考。

## 1.2 研究方法

本书的研究方法主要有如下几种:

(1) 文献研究法。本书对近几年融资租赁在装备制造业中的影响研究进行了综述，主要包括税率差别理论、债务替代理论、破产和代理成本理论等融资租赁基础理论，融资租赁和销售之间的关系，以及融资租赁和应收账款之间的关系等几个方面。通过对文献综述的研究，回顾了融资租赁研究的主要理论和研究结论，为本书内容的深入开展做了铺垫。

(2) 计量经济学研究方法。本书在探讨融资租赁对装备制造业销售收入和应收账款的影响时，使用了回归分析的方法来进行实证研究。在衡量应收账款的质量时，使用了因子分析法。

(3) 博弈论方法。在对电气机械和器材制造业、通用设备制造业、专用设备制造业、计算机、通信和其他电子设备制造业应收账款质量不同的原因进行分析时，利用了不完美信息下动态博弈的思想对出租人和承租人进行分析。

## 1.3 研究内容

本书全面探讨了融资租赁在我国装备制造业中的应用及其经济效应，全书共7章。

第1章为绪论。阐述研究的动机与重要性，解释融资租赁在全球及我国装备制造业中日益增长的作用。介绍研究采用的方法学，包括理论分析与实证研究的结合，以及本研究的创新点和潜在局限性等。

第2章为融资租赁的理论基础。详细探讨支撑融资租赁的核心理论，如税收差别理论、债务替代理论及代理和破产成本理论等；并剖析上述理论如何解释融资租赁在现代企业财务结构中的位置和作用。

第3章为融资租赁影响制造业的现状研究。综述国内外关于融资租赁与装备制造业间关系的研究，特别关注融资租赁如何影响企业的销售和应收账款管理，以及应收账款质量的现有评价方法和研究成果。

第4章为融资租赁概况及其在装备制造业中的应用。从历史性和功能性角度解读融资租赁的发展，揭示其在我国装备制造业中的特定应用，以及如何通过融资租赁支持行业成长，促进技术和市场的发展，并通过具体案例进行分析。

第5章为融资租赁对装备制造业销售收入的影响。融资租赁是装备制造业一种重要的信用销售工具。这是本书的第一个实证分析部分，也是本书的重点之一，主要研究融资租赁对装备制造业销售收入的影响。首先，比较了几种常见的信用销售方式，并通过构建理论模型对装备制造业的信用销售动因进行解释，接着探讨了现行会计准则下销售收入的确认条件，以及融资租赁的收入确认等，还通过计量经济学模型研究了融资租赁对装备制造业中各个分行业销售收入的影响。

第 6 章为融资租赁对装备制造业应收账款的影响。这是本书的第二个实证分析部分，研究融资租赁对装备制造业应收账款的影响，也是本书的研究重点。实证结果发现融资租赁对装备制造业中各行业应收账款有较大的不同，本章节结合各行业的特点对结果进行了详细的分析。接着，通过因子分析法对装备制造业的应收账款质量进行了评价，发现不同的分行业应收账款质量有很大的不同，本部分也给出了详细的解释。最后，建立了理论模型对装备制造业融资租赁最优期限进行了计算。

第 7 章为主要结论和政策建议。总结全书的核心观点，提出基于研究问题的具体政策和建议。这些建议旨在帮助政策制定者和业界领导者更好地理解和利用融资租赁作为经济发展的良好工具。

## 1.4 创新点及局限性

### 1.4.1 创新点

本书在国内外相关研究的基础上，利用 2008—2014 年我国上市公司的数据来研究融资租赁对装备制造业的影响，创新之处主要表现在如下几点：

(1) 从目前的文献来看，无论是国内还是国外，虽然关于融资租赁对促进产品的销售有丰富的研究，但主要是定性分析。本书通过建立理论模型来解释企业采用信用销售的原因，并通过建立计量经济学模型来探讨融资租赁对装备制造业销售收入的影响，弥补了关于融资租赁研究的空白。

(2) 在融资租赁促进装备制造业销售收入提升的基础上，基于应收账款的影响因素也显著体现，本书通过建立计量经济学模型来研究融资租赁对装备制造业中各个分行业应收账款的影响。

(3) 构建了应收账款质量的评价指标，并通过因子分析法来衡量装备制造业采用融资租赁和未采用融资租赁应收账款质量的差异，这为融资租赁可能对企业产生负面效应的研究提供了一个新的角度。

### 1.4.2 局限性

虽然本书建立在理论模型和实证分析的基础上，但在研究的过程中仍然存在着以下不足之处：

(1) 在探讨融资租赁对装备制造业销售收入和应收账款的影响时，由于数据获得的限制，只能从上市公司年报中进行收集，因此文中的研究结论只适用于上市公司。如果能通过问卷调查等方式收集到非上市装备制造业企业的有关数据，也将是一个非常值得研究的课题。

(2) 对融资租赁的界定。本书的研究主体是租赁厂商，将母公司年度财务报表中"长期应收款"的附注中存在"应收融资租赁款"的数据定义为使用融资租赁的公司。在实际业务中，可能存在上市公司持股融资租赁公司进入出租市场的情况，当融资租赁公司从事租赁业务时，相关信息无法全部体现在上市公司的财务报表中，这可能会导致研究结果的局限性。

由于上述问题的存在，在今后的研究中，应深入分析与融资租赁有关的数据，如果能收集到非上市装备制造业公司的数据，相应的实证研究结论适用性将会更广。另一方面，找到更加准确界定出租人使用融资租赁的方法，也可以使研究更具有现实意义。

# 第 2 章　融资租赁的理论基础

## 2.1　税收差别理论

很多文献研究表明融资租赁的产生原因之一是由于出租人和承租人所承担税率的不同。当出租人和承租人税率不同时，在融资租赁交易中便存在潜在的节税效应。通常来说，高税率的承租人从低税率的出租人租入资产，由于租赁资产可以在税前计提折旧，所以承租人获得了较多的税收收益。当承租人将部分税收好处让渡给出租人时，出租人和承租人双方都获得了税收收益。也就是说，融资租赁使税盾从高税率的承租人转向了低税率的出租人。

Myers 等(1976)构造了出租人和承租人的租赁购买模型，并结合具体的实例说明出租人和承租人因税率不同而对租赁的影响。其建立的承租人租赁和购买差值的现值模型(MDB 模型)为

$$V_0 = A - \sum_{t=0}^{H} \frac{P_t(1 - T^*) + b_t T^*}{[1 + r_D(1 - T^*)]^t} \tag{2.1}$$

其中，$A$ 指资产价格；$P_t$ 指租赁付款；$b_t$ 指租赁资产折旧；$T^*$ 指公司边际税率；$r_D$ 指公司借款利率。但该模型没有考虑租赁资产的残值、经营成本和税收抵免。

Franks 和 Hodges(1978)对 MDB 模型进行了推导，并将该模型推广到非纳税期的情况。Stickney 等(1983)研究了通用电气公司的税收转移问题，结果发现通用电气通过利用税收转移租赁的方式支付承租人 3.5 亿美元却实现了 5 亿美元的税收转移，这对不能使用税盾的承租人来说是非常好的交易。

Smith 和 Wakeman(1985)提到当出租人和承租人边际税率不同时，融资租赁可以减少总税额。当租赁和购买的非税项目支出相同时，租赁和购买行为的税差可以表示为

$$(\tau_o - \tau_b)[(\mathrm{DEP} + \mathrm{DEBT}_o) + \mathrm{MAINT} - (\mathrm{LEASE} + \mathrm{GAIN})] \tag{2.2}$$

其中，$\tau_o$ 指出租人的税率；$\tau_b$ 指承租人的税率；DEP 指租赁资产折旧的现值；$DEBT_o$ 指出租人负债值；MAINT 指租赁设备的维修保养费；LEASE 指租赁付款；GAIN 指租赁资产出售的资本利得。

当存在关系

$$DEP + DEBT_o + MAINT > LEASE + GAIN$$

且 $\tau_o > \tau_b$ 时，税负差为正，即低税负的承租人通过租赁的方式产生了税收收益。而当出租人和承租人税率相等时，不存在税负差。

在关于该理论的研究中，一些文献认为税率是影响融资租赁决策的重要因素。Brick 等(1987)认为在不考虑交易成本和利率风险的情况下，发现税率是影响租赁决策的重要因素之一，租赁可以起到延迟纳税的作用。Sharpe 和 Nguyen(1995)引入两个代理变量来表示税收状况。第一个用税收收入与税前收入的比值来表示税率，在其他条件相同的情况下，交少量税或不交税的公司更容易选择租赁，著作中用公司的平均税率来衡量预期边际税率(税率在 0 和 1 之间)。当公司的所交税非正时，定义税率为 0；当公司税收为正但公司收入为负时，税率为 1。另一个税收的代理变量可以由财务报表中的亏损结转得到。当公司发生亏损时，可能需以后数年缴税所得方可弥补。因此，公司并不能充分享有加速折旧和投资税收抵免的税收好处。由于三分之二的公司没有发生亏损结转，该变量呈现高度偏斜分布。分别采用虚拟变量对高亏损结转和低亏损结转进行定义，将亏损超过息税折旧前利润定义为高亏损结转公司，将亏损低于息税前利润定义为低亏损结转公司。实证结果发现，高亏损结转变量系数为正，税率系数为负，说明边际税率越低，公司越倾向于租赁。

在 Lasfer 和 Levis(1998)的研究中，作者考虑了公司规模的影响，对英国 1982—1996 年间 3000 家公司的数据进行分析，研究发现，与不使用融资租赁的企业相比，使用融资租赁的企业承担较高的税收费用。对小公司来说，融资租赁决策并不是由税收决定，而是成长机会。并且成长性的小公司比成熟的小公司更偏好使用融资租赁。而对大公司来说，税收显著地影响融资租赁决策，并且大公司在融资租赁过程中更容易产生税收亏损结转。Callimaci 和 Fortin(2011)研究发现，租赁决策与税率变量显著正相关，即税率越高，企业使用租赁的比率越高。

Chu 等(2008)认为在竞争性的金融市场中，出租人税率增加，融资租赁额减少，当出租人和承租人的税率相差越大时，租赁的优势越明显，这意味着公司在决定融资租赁时，应选择税率高的出租人。研究还发现，当公司税率达到最高的企业税率时，租赁与购买并无区别，而当公司税率低于最高的企业税率时，公司可以选择租赁并通过税盾转移来获得税收上的好处。实证分析中，将税率分为3类：低税率、中税率、高税率。结果发现税率对租赁的影响并不显著，承租人不同的税率对租赁的影响并不确定。

Cosci等（2015）对意大利2440家公司数据进行分析，得出高税率的公司愿意成为出租人，这与以往的许多研究结果并不一致（Graham et al.，1998）。

但是，也有一些文献认为税率对融资租赁的决策并没有显著的影响。Finucane（1988）利用约600家公司的数据进行Tobit分析，研究发现公司税率与ITC水平对融资租赁的影响并不显著。Ang和Peterson（1984）、Krishnan和Moyer（1994）通过研究也发现租赁公司和非租赁公司的平均税率并没有明显的不同。

Lewis和Schallheim（1992）在研究中完善了Myers等（1976）模型的不足，考虑了租赁和公司最优资本结构的相互作用，对出租人和承租人的税收状况进行了准确的测算。他们发现，当承租人在做融资决策时，公司考虑的是边际税率，而不是平均税率。

计算边际税率常常是一个难题，一些研究给出了估计的方法。Graham（1996a）利用实际税率和未来收益率来计算边际税率，由于未来收益不确定，Graham（1996b）采用蒙特卡罗模拟法来计算。该模拟法使用一组预测收益值得到税率值，重复此过程若干次，比如500次，便得到500个税率值，将这500个税率值的平均值作为边际税率的估计值。研究结果表明，税收与债务增量正相关，这与Mackie-Mason（1990）、Scholes等（1990）、Givoly等（1992）的结果是一致的。但是，计算这18年的边际税率并不是一个容易的过程。因此，Graham（1996b）引入了边际税率的若干代理变量，简化了变量选取的过程。

在之后的文献中，逐渐有学者研究边际税率和融资租赁的关系。Barclay和Smith（1995）发现在美国税法制度下，租赁付款和利息都需缴税，而红利不需要缴税。由于租赁在分配税盾中灵活性较大，而债务资产和股票资产可以计提折旧，所以承租人和出租人都可以享用折旧的好处。文献中对Compustat数据库中1981—1992年的工业数据进行分析，发现税前亏损的公司租赁的意愿更强，因为这些公司的边际税率通常偏低。

Shanker（1997）在Lewis和Schallheim（1992）的基础上研究了加拿大上市公司租赁与边际税率的关系，研究发现边际税率显著地影响租赁决策。承租人边际税率与租赁程度呈反向关系，边际税率越高，租赁程度越低。研究中认为，加拿大1989年税制改革限制了出租人的资本成本补贴，降低了承租人以资本成本补贴换取租赁付款的能力，但承租人仍然可以通过税收收入来减少租赁付款，因此税盾能力强的企业在该税收政策下更有动力使用融资租赁方式。该项政策的约束力仅对高成本的重型设备起作用，研究结果也发现采矿业、制造业、运输业使用租赁的意愿并不强烈，这些企业刚好都属于使用重型设备的行业。

Graham 等(1998)利用 Graham(1996a)的估计方法得到的边际税率来检验税率和融资租赁的关系，研究发现税率与融资租赁呈负相关关系。Duke 等(2002)对美国公司的数据进行分析，也发现经营租赁与税率呈现负相关。

## 2.2　债务替代理论

除了讨论税收与租赁的关系外，金融理论中也讨论了债务和租赁的替代关系。该理论认为，与债务融资方式类似，租赁融资也是公司的一种融资形式，两者都可以削弱公司的借债能力，即当公司通过融资租赁的方式来融资时，债务融资就会减少。

该理论有 3 种结果，每种结果对应不同的替代系数。传统的金融理论认为租赁现金流与债务现金流的替代系数等于 1；一些学者认为由于租赁和债务合同的条款存在差异，利用租赁进行融资的能力小于利用非租赁债务进行融资的能力，即租赁和债务的替代系数小于 1；另外，也有一些学者认为由于租赁资产所有权归出租人，在租赁过程中存在道德风险，替代系数大于 1。然而，Levis 和 Schallheim(1992)经过研究发现以上结论并不成立，文中认为租赁可以通过税盾作用来激励承租人增加负债率，租赁和负债是互补关系，即替代系数小于 0，而非替代关系。在 Beattie 等(2000)中，用以下模型来表达以上研究结果：

$$\mathrm{DR_{NL}} = \mathrm{DR_L} + \alpha \mathrm{LR_L} \tag{2.3}$$

其中，DR 指负债率；LR 指租赁比例；NL 指未采用租赁的公司；L 指采用租赁的公司；$\alpha$ 指租赁负债替代关系系数。当租赁负债为替代关系时，$\alpha$ 分为 3 种情况：$0<\alpha<1$，$\alpha=1$，$\alpha>1$；当租赁负债为互补关系时，$\alpha<0$。

Myers 等(1976)是较早研究债务替代理论的文献，文中认为租赁是一种合同义务，构造如下模型：

$$y_t + \sum_{\tau=t+1}^{H} \frac{P_t L}{(1+r)^{\tau-t}} = \hat{Z}_t + \sum_{\tau=t+1}^{\infty} \frac{S_\tau + rTy_\tau}{(1+r)^{\tau-t}} + \sum_{\tau=t+1}^{H} \frac{TP_t L}{(1+r)^{\tau-t}} \tag{2.4}$$

其中，$y_t$ 指 $t$ 时刻公司总债务；$L$ 指租赁资产初始值；$P_t$ 指 1 美元租赁资产的租赁；$r$ 指公司借款利率；$S_\tau$ 指承租人所有资产的账面折旧税盾；$T$ 指公司的边际税率。

这里假设公司可以通过常规渠道和租赁方式进行融资，在其他条件相同时，通过租赁方式的负债可以代替常规渠道的负债，租赁付款产生的税盾与折旧和利息产生的税盾处理方式相同。

Marston 和 Harris(1988)认为，根据债务替代理论，对某家企业通过租赁和债务进行融资，如果债务与租赁是替代关系，则租赁增加导致非租赁债务减少，建立如下模型：

$$\Delta \mathrm{NLD}_j - n_j \Delta A_j = \alpha + \beta(l_j \Delta A_j - \Delta L_j) + e_j \tag{2.5}$$

其中，$n_j$ 和 $l_j$ 分别表示第 $j$ 家企业非租赁债务融资和租赁融资的比例；$\alpha$ 和 $\beta$ 为估计系数；$e_j$ 为随机误差项；$L$ 表示租赁；NLD 表示非租赁债务；$A$ 表示资产；$\Delta L_j$ 表示公司租赁的变化量；$\Delta A_j$ 表示资产变化量；$\Delta$NLD 表示非租赁债务的变化量。如果租赁和债务替代成立的话，则 $\beta$ 为正。

实证分析中，对 1974—1982 年之间 Compustat 271 家公司的数据进行研究，研究中使用企业租赁的变化量与债务的变化量分析，发现租赁总额（资本租赁与非资本租赁之和）与非租赁债务（长期债务和短期债务之和）是替代关系。另外，通过研究发现，与不使用租赁的公司相比较，使用租赁的公司负债率更高。这与 Ang 和 Peterson(1984)的结论是一致的。同时，研究也得出支持 Smith 和 Wakeman(1985)的结论。对一些特殊的公司来说，会同时使用租赁融资和债务融资两种方式。租赁与债务的替代系数为正，平均来看，公司 1 美元租赁交易额可以代替 0.6 美元的非租赁债务。此结论对企业扩大负债能力有一定的参考价值，也反映了租赁融资和债务融资这两种工具的风险特征。

在债务替代理论产生后，较多的学者对该理论进行了研究，并验证了债务融资和租赁融资是替代关系。Mukherjee(1991)通过对 1988 年《财富》公布的 103 家世界 500 强公司进行的问卷调查，结果发现 47%的公司认为租赁与债务是替代关系，22%的公司认为两者是互补关系，而 31%的公司认为两者并无直接的关系。如果对样本中的大公司（资产超过 100 亿美元）和小公司（资产小于 10 亿美元）进行调查，发现 71%的大公司认为租赁和债务是替代关系，而只有 31%的小公司认为租赁和债务是替代关系。Mnzava(2008)对 1981—1990 年中伦敦证券交易所 178 家公司的数据进行研究，发现租赁和债务是替代关系，但替代程度因行业的不同而不同。

Schallheim 等(2013)收集了 1980—2011 年间 392 个售后回租样本，研究发现样本中多数企业的租赁与负债为替代关系，与 Mnzava(2008)的研究结论相似。但是样本中有 40%的企业在采用售后回租业务后，负债增加。因此，也有一些企业租赁和债务是互补关系。研究认为不能假设所有的企业租赁和债务均为替代关系或互补关系。于是,研究将样本企业分为两部分:一部分企业在采用售后回租业务后总负债增加(互补关系组),另一部分企业在采用售后回租业务后总负债减少(替代关系组)。同时研究发现,与替代关系组相比,互补关系组的样本企业负债较多。

Yan(2006)首先构造了关于租赁和债务边际融资成本的替代/互补联立方程组模型,认为当租赁导致债务的边际融资成本增加时,两者互为替代关系。接着利用 GMM 方法对 1983—1997 年间 3145 家公司(包括石油加工业、采矿业、农业和渔业)的数据进行分析,否定了租赁和债务互补关系的假设。此外,文章也对两者替代关系的程度进行了研究,当公司不支付红利时,或公司边际税率较高时以及公司有较多投资机会时,两者的替代程度也会增加。

在 Cosci 等(2015)的研究中发现,无论企业规模大小,租赁和债务为替代关系,但小公司的替代率显著地小于中型和大型公司。平均来看,替代率在 0.029～0.063 之间,即单位融资租赁交易额可以代替的债务为 0.029～0.063 个单位之间,这与 Bayless 和 Diltz(1988)、Marston 和 Harris(1988)、Beattie 等(2000)、Yan(2006)、Deloof 等(2007)的研究成果是一致的。

在不同国家的样本中,Deloof 等(2007)利用比利时 1995—1999 年间 1119 家中小企业的数据分析租赁和债务的关系,研究发现两者为替代关系。研究结果也认为高增长、低利润的中小企业倾向于采用融资租赁,符合 Myers 和 Majluf (1984)提出的“啄食顺序理论”。Lin 等(2013)利用 1991—2005 年北美 4158 家非金融公司进行分析,发现对大多数融资受到约束的公司来说,租赁和企业自有资金呈负相关关系,债务与自有资金呈正相关,研究还表明受融资约束程度越高的公司,越倾向于选择融资租赁。租赁和债务为替代关系,无论是大公司还是小公司,该替代关系都成立。

然而,其他学者有不同的结论,其中 Ang 和 Peterson(1984)的研究起着重要的作用,该文采用 1976—1981 年 600 家美国的公司进行 Tobit 分析,控制变量包括经营杠杆、销售增长率、盈利能力、成长性、公司规模、流动性,研究发现租赁与负债率存在显著的正相关关系,即互补关系,这与以往的结论并不一样,这也是著名的“租赁之谜”。第一种解释认为债务市场可能无效;第二种解释认识租赁和非租赁公司税率不同;第三种解释认为租赁公司和非租赁公司发行债券的差异并不明显;第四种解释认为个别企业负债能力没有限制。在 Ang 和 Peterson(1984)的文章发表之后,很多学者围绕着这篇文章开展研究。

Beattie 等(2000)首先利用 Ang 和 Peterson(1984)的方法来解释租赁比

率，该方法由 Adedeji 和 Stapleton（1996）修正。Beattie 等（2000）在公布的财务报表中关于经营租赁负债信息非常有限的情况下，对 300 家英国的工商业上市公司数据进行研究，结果发现租赁和债务可部分替代，1 英镑的租赁额约等于 0.23 英镑的非租赁债务。Smith 和 Wakeman（1985）认为 Ang 和 Peterson（1984）在负债能力的控制上存在问题，发现负债率高的公司也可能使用较多的租赁，尤其对一些拥有特定资产的公司来说，负债率更高。Bayless 和 Diltz（1986）认为 Ang 和 Peterson（1984）的一些基本假设是不正确的，并对此进行了辩驳，比如难以很好地控制负债能力的差异等。Bayless 和 Diltz（1986）利用实验的方法来研究公司负债能力的差异，发现当公司从事租赁业务时，贷方会降低贷款的意愿，同时研究发现在负债能力方面，租赁融资比债务融资高 10%～26%（$\alpha>1$）。

与 Ang 和 Peterson（1984）的方法类似，Adedeji 和 Stapleton（1996）研究如何更好地控制变量包括市盈率、流动性、公司规模、税率。考虑到 Ang 和 Peterson（1984）没有很好地控制公司的负债能力，于是对使用租赁融资的公司进行 OLS 回归分析。但是，该回归结果并没有与 Ang 和 Peterson（1984）一致。回归结果显示，租赁融资与债务融资负相关。平均来看，1 英镑的融资租赁约等于 0.55 英镑的债务。Finucane（1988）利用 1981—1985 年约 600 家公司的数据，结合 Tobit 模型进行分析，发现租赁融资和债务融资呈互补关系，这与 Ang 和 Peterson（1984）结论一致。并且，文章发现某些行业较多地依赖租赁，比如运输业和零售业。另外，发现租赁比率与抵押贷款和债券等级有显著的关系，债券等级越低，则越倾向于采用租赁。

Krishnan 和 Moyer（1994）的研究中考虑了行业的差异，他们对 410 家没有使用融资租赁的公司和 98 家使用融资租赁的公司的数据进行分析，将样本分为 7 组，分别为采矿业、建筑业、制造业、运输业、批发、零售业、服务业。研究发现，相较于其他行业，制造业使用融资租赁的比例偏低，仅占 10.9%。而在整个样本里，使用融资租赁的占比为 19.3%，其中运输业、零售业、批发业以及采矿业使用融资租赁的比例较高。同时发现承租企业负债率较高，这与 Ang 和 Peterson（1984）的结论类似。

从出租人的视角出发也得到了类似的结论。Eisfeldt 和 Rampini（2009）基于出租人的取回资产优势建立模型，这种优势使得出租人愿意将资产组合出租给受到融资约束的企业，从模型可以得出，租赁越多，负债越高，租赁和债务是互补关系。

Bowman（1980）对 1973 年若干家样本公司进行研究，结果表明债务水平与租赁程度高度相关。Bayless 和 Diltz(1986)分析了 133 家美国银行信贷员对定期存款和信用额度的审批,结果发现银行在进行贷款审核时,并不考虑公司是否存在租赁业务。但是,在信用额度审批时,发现在其他条件保持不变的情况下,企业融资租赁交易额越大,信贷额度越少。一种解释认为,与定期贷款不同,融资租赁有担保债务的特点,常用来引进设备或作为长期负债,而定期贷款常用来进行营运资本融资,而不是用来长期负债。因此,租赁更像定期贷款。另一种解释与 Smith 和 Wakeman(1985)研究结果类似,认为企业在做租赁决策时,资产属性是一个重要因素,因此信贷员在审批时会考虑公司的资产属性(例如租赁比率)。一般来说,当资产寿命较短时,倾向于使用租赁。因此,租赁比率越高意味着越多的资产用于租赁担保,同时也说明资产的使用寿命较短。

另外,当考虑因素不同时,得到的结论也会有很大的不同。Lasfer 和 Levis(1998)考虑了企业规模的差异,通过研究发现采用融资租赁方式的公司的负债权益比高于不采用融资租赁的公司,但不同规模的公司得出的结论又不同,对规模较小的公司来说,租赁和债务是替代关系,而对规模较大的公司来说,两者是互补关系。Singh(2013)考虑了行业性质的差异,研究发现酒店业和零售业租赁和债务是替代关系,得出 1 美元的融资租赁额可以代替 0.45 美元的债务的结论。零售业总的租赁额高于酒店业,酒店业的融资租赁额高于零售业,而零售业经营租赁额又高于酒店业。

## 2.3　代理和破产成本理论

在税率差别理论和债务替代理论出现之后,逐渐有一些专家和学者开始从代理成本的角度出发来研究融资租赁。在代理成本理论中,假设个人最大化自身的收益,在实际业务中,代理人并不总是将委托人的利益最大化作为目标,当企业从外部投资者引入资金后,便产生了委托-代理关系。外部投资者希望在约定的时间内能够收回投资额并获得回报。而对企业来说,其融资的目的是扩大经营,进而获得较高的利润,可见企业和外部投资者的目的是不太相同的。一般来说投资者指导投资是有风险的,这种风险体现在未来的回报中。然而,当投资者将资金投到企业之后,便很难再控制这笔资金,企业有可能为了追求自身利益而损害投资者的利益。例如,企业为了获得更高的利润,可能采取向更多的投资者筹资的策略,但这种方式很可能会损害原有投资者的利益。融资租赁的应用，可以降低代理成本。

作为代理成本的一个重要方面，破产成本也是学者研究融资租赁的一个重要因素。破产成本理论认为，对于遭遇财务困境的企业，与其他融资方式相比，融资租赁可以降低破产成本。当企业财务状况出现问题时，一般的债权人考虑到企业的财务状况不佳甚至可能出现破产，就会对企业提出要求，比如提高投资的回报，这时企业的融资成本便会提高，企业的财务状况将进一步恶化，破产的概率也进一步增加。公司通过融资租赁的方式降低融资成本，于是那些财经状况不佳的公司更愿意通过租赁的方式来引入资金。当债务人发生财务危机而重组时，经法院批准，债务人必须在破产申请若干天内承担租赁合同中的义务。但若满足下列条件，债务人可以不承担义务：

（1）及时解决未履约的问题，或者提供足够的可以及时解决问题的证据；

（2）补偿因未履约而导致的出租人的损失，或者提供足够可以补偿损失的证据；

（3）提供在未来能够按时履约的证据。

由于出租人对租赁的设备拥有所有权，因此在出租人和承租人签订的租赁合同中，租赁资产作为合同的担保，保证了出租人可以安全地收回租金，当企业出现财务困境不得不破产清算时，出租人的利益由于租赁设备的存在而得到了担保，但其他债权人的利益则无法得到保障。

Barro（1976）、Benjamin（1978）、Jackson 和 Kronman（1979）、Scott（1977）以及 Smith 和 Warner（1979）的研究认为有担保债务可以减少代理成本。Krishnan 和 Moyer（1994）认为有担保债务的有关理论可以拓宽到融资租赁的研究中，因为融资租赁与有担保债务在很多方面都很类似。因此，在了解与融资租赁代理成本有关的内容之前，有必要先了解关于有担保债务代理成本问题的相关内容。

在签订有担保债务合同之后，股东可以减少其他债权人主张的索赔。而其他的债权人，比如债券持有者可以利用债务契约中的“优先”条款保护自己。当供应商向客户提出索赔时，说明客户的经营状况可能出现了问题；当客户破产时，有担保债务可以减少这种索赔。Smith 和 Warner（1979）认为 Scott（1977）的结论是基于“企业的收入与担保债务相独立”这一假设，而事实上可能并非如此，研究认为有担保债务消除了资产替代，并且减少了破产的执行以及降低了管理成本。

在债务产生代理成本的研究中，Jensen 和 Meckling（1976）提到了 3 个因素：债务的激励效应、激励效应引起的监督成本，以及破产成本。激励效应可以理解为股东持有欧式看涨期权，该期权允许从债权方购买公司债券，债务的价格便是期权的行权价。当公司价值低于债务价值时，股东不会行使权利。Merton（1973，1974）通过研究发现该期权的价格与公司价值的方差呈正相关，因此股东可能采取适当的策略使企业价值有较大的波动，比如风险较高的项目由股东承担。当债权人参与到股东的项目中时，他们可能会低估债券的价值。也就是说，风险债务的存在会导致企业的价值被低估，这可能是由于债券持有人监督股东的行为，或者股东和债券持有人建立起的紧密联系，从而导致激励效应减弱。另外，这种监督行为也是需要成本的，这些成本也是债务代理成本的一部分。代理成本的另一个组成部分是破产成本或者当公司破产或无法履行债务义务时产生的重组和清算成本，这些成本包括破产中解决各种责任人之间的纠纷所产生的法律、会计等相关费用。Myers（1977）研究了一种不同的激励效应，他认为高风险债务的存在对企业投资正净现值的项目有反向的影响，尤其是该项目通过权益融资或次级债务融资，因为这可能导致财务向债券持有人转移。Stulz 和 Johnson（1985）试图解释担保债务是一种减少债务成本的有效机制，他们认为担保债务通过消除资产替代可以有效地降低债务人的风险行为，从而降低监督成本。

很多关于融资租赁的文献假设融资租赁是一种融资方式，Smith 和 Wakeman（1985）在研究中提到融资租赁产生的非税收动机有三种：第一是融资租赁减少代理成本；第二是基于资本收益的薪酬管理计划会导致融资租赁的产生；第三是融资租赁可以降低个人经营者的风险。

出租人在经营性租赁中可以享受折旧税盾的好处，并且通过回购协议，出租人和承租人的代理问题可以得到减缓。Eisfeldt 和 Rampini（2009）认为出租人取得租赁资产比担保债权人取消赎回抵押品容易，出租人的这种优势可以使得出租人信用扩大，因此融资租赁的负债能力更高一些。正是由于融资租赁业务中租赁资产的使用权和所有权分离，才导致了代理的产生。但是融资租赁扩大负债能力带来的好处又大于所产生的代理成本，所以通常财务状况越不好的企业越倾向于采用融资租赁。

T. A. John 和 K. John（1993）认为股东与经理人“结盟”可能会导致债务的代理成本增加，企业有很多种控制代理成本的机制，融资租赁就是其中一种。Robicheaux 等（2008）通过研究发现融资租赁可以降低代理成本。

在前人研究的基础上，Smith 和 Wakeman（1985）研究发现资产的专有性越强，出租人和承租人的冲突也可能就越多，相应的双方代理成本也就越高，这些代理成本表现在额外产生的费用、管理费用以及合同履约的成本上。正是这种代理成本的存在，Klein 等(1978)认为当资产的专有性很强时，销售方更愿意将设备一次性销售出去。例如，出租人愿意出租那些通用性较好、容易处置的办公设备，而不愿意出租那些专用性较强的研发设备，因为他们只想将它们卖出。

由于缺少企业资产类型的数据，很难对 Smith 和 Wakeman(1985)的研究进行实证分析。后来，部分学者采用了替代变量的方法对其进行实证研究。Finucane(1988)认为可以利用行业的变量来代替资产的专有性，这是因为行业的特征在一定程度上能表示资产的属性，通过实证分析发现航空业和零售业比其他行业更容易采用融资租赁决策，这与 Ang 和 Peterson(1984)的结论并不一致。Krishnan 和 Moyer(1994)通过研究得到了相似的结论，结果显示运输业、零售业、采矿业采用融资租赁的比例较高，因为这些行业的产品有较强的通用性，能够被不同的企业使用。而其他行业的产品专有性太强，不易处理，因此租赁使用的比例并不高。

另一个代理变量是企业规模，因为企业规模对企业的租赁决策会产生影响。规模较大的企业可以内部处置资产，这样就不需要通过融资租赁这种外部融资的形式来进行处理。除此之外，规模较大的企业破产的概率也较低。Barclay 和 Smith(1995)通过对 1981—1991 年的 4995 家工业企业进行实证分析，结果发现企业规模越大，越不愿意使用融资租赁。Sharpe 和 Nguyen(1995)、Adams 和 Hardwick(1998)通过实证分析也得出了类似的结论。Graham 等(1998)认为规模较大的公司现金流比较充裕，并不需要采用融资租赁的方式；由于信息不对称的存在，规模较小的企业更愿意选择融资租赁这种形式。但是，Jensen(1986)认为规模较大的企业通常有较高的代理成本，由于这个原因的存在，即使企业的规模较大，也有可能采用融资租赁的方式。Deloof 等(1999)对 1995—1999 年 5595 个非金融企业样本进行实证分析，结果发现企业规模越大，采用融资租赁越多。Lasfer 和 Levis(1998)通过对 1982—1996 年的约 3000 家英国公司(包括上市和非上市公司)的样本进行研究，发现企业规模与融资租赁呈正相关关系；崔佳宁和史燕平(2014)利用 2007—2012 年中国 A 股上市公司的数据进行实证分析，也得到了类似的结论。

企业未来的成长机会也被认为是另一个代理变量。Stulz 和 Johnson(1985)认为，有索赔优先权的债务，比如融资租赁，可以减少投资不足的问题，成长形的公司由于处在发展时期，经常遇到投资不足的问题。Barclay 和 Smith(1995)、Lasfer 和 Levis(1998)通过研究发现越是处于成长期的公司，越是依赖融资租赁这种形式。史燕平和朱成科(2016)通过对中国装备制造业的样本进行实证分析，发现企业的成长性与融资租赁呈正相关关系。

企业的所有权结构被认为是减少代理成本的一种内在机制。Shleifer 和 Vishney(1986)认为大股东可以有效地监督经理人，从而减少代理成本。Smith 和 Wakeman(1985)认为由于信息不对称，企业的所有权结构对融资租赁决策有着重要的影响。同时，当出租人对租赁资产的处置有优势时，融资租赁发生的可能性更高。Mehran 等(1999)研究发现企业 CEO 股权与租赁呈正相关，说明 CEO 拥有的股权越多，越倾向于使用融资租赁，以减少设备被淘汰的风险。Flath(1980)认为租赁行为更容易在寡头控股公司发生，当资产的租赁期少于资产的寿命时，出租人则要承担设备被淘汰的风险和其他的资产风险。但是，当出租人的股权结构较为分散时，出租人承担这种风险的能力会提高。Robicheaux 等(2008)研究发现 CEO 拥有的股权越多，使用融资租赁也越多，同时还发现董事会人数较少或者外部董事较多时，企业更愿意使用融资租赁。

在破产成本的研究方面，目前的文献显示，融资租赁比有担保债务的破产成本更低一些，这是因为法律对出租人债权的处理与有担保债权人的债权处理是不同的，有担保债权人的债权在破产清算时被稀释了，而融资租赁业务中，出租人的债权得到了较好的保护。

Ezzella 和 Vora(2001)认为融资租赁可以减少破产成本的前提是承租人信用较差，破产的可能性较高。Krishnan 和 Moyer(1994)研究了破产成本在融资租赁决策中发挥的作用，他们认为对于信誉较差的企业，其破产的可能性也较高，也通常更倾向于选择融资租赁。Lee 和 Scott(1989)、Scott(1977)认为租赁与其他债务方式相比能降低破产成本，因此，当企业遇到财务困境时，倾向于使用融资租赁的方式。

# 第 3 章　融资租赁影响制造业的现状研究

## 3.1　融资租赁和销售的关系

McNeill(1944)在其研究中提到“融资租赁是一种重要的销售方式,但这种方式并没有引起足够的重视”,在该文章发表后,逐渐有学者从销售的角度来研究融资租赁。

用租赁来进行销售的方式被称为销售式租赁,也被称为厂商租赁(vendor leasing)或厂商计划(vendor program),是由厂商向客户提供租赁服务来达到销售目的的一种特殊租赁形式。通常设备供应商的销售人员会通过促销的方式向潜在客户提供融资租赁,也就是说,生产商将融资租赁作为一种营销工具来销售产品。客户不需要支付货款便可以引进新设备,由于租赁文件可以由供应商销售人员处理,所以在购买设备的过程中,客户就可以获得设备并享有生产商提供的融资租赁服务。厂商租赁目前主要用于小件设备,比如办公室设备、复印机、打印机等,对于那些计算机设备或其他大件设备来说,厂商租赁也同样适用。厂商租赁只是生产商的营销方式之一,常常与其他的促销方式结合使用,比如折扣或品牌形象等。在具体的业务中,生产商可以设立控股的融资租赁公司来从事租赁业务,也可以与第三方融资租赁公司合作,向符合信用要求的承租人提供融资租赁服务。

Babione(1950)提到租赁营销是指生产商或者经销商将设备卖给用户,在用户未付清货款之前保留设备的所有权。如果不考虑所有权的问题,则这种形式与分期付款十分相似,国内的专著对这个观点也有类似的表述,如张巨光和沙泉(2011),他们认为很多设备制造商虽没有采用租赁营销的方式,但在某些行业,租赁销售的方式则十分普遍。他们研究了运输设备制造业、基础建设设备制造业、制鞋机械设备制造业、玻璃机械设备制造业等 4 个行业中融资租赁对承租人和生产商或经销商的好处,发现在运输设备制造业和基础建设设备制造业中，由于行业设备的需求具有鲜明的季节性，生产商使用租赁合情合理，因为此方式可以帮助企业避免设备闲置，减小资本支出压力。在制鞋机械设备制造业和玻璃机械设备制造业中，生产商通过租赁营销的方式为客户提供最新的设备来提高其生产效率。同时，研究也发现，租赁销售虽然促进了销售收入的增加，但也出现了一些新的问题，比如出租人需要面临一定的风险并需要承担相应的义务。

国际租赁也是促进销售的一种方式，Gao（1999）在其专著 *International Leasing* 中对这种方式做了详细的研究，他认为融资租赁之所以是一种重要的销售方式，是因为融资租赁兼有融资和销售的特点。融资租赁的作用不仅是使得客户得到目标资产，而且为客户提供融资服务。正是由于这一特点，融资租赁提高了客户的购买能力，尤其是当客户的财务状况存在问题的时候。此外，融资租赁可以提高客户的融资能力，也使得客户在偿付方式上更具灵活性。除此之外，Gao（1999）认为对于飞机、船舶、卫生设备及高端的办公设备，融资租赁为这些行业的设备营销提供了一个新的机会。例如，对于一家规模较小的公司来说，很难买得起价值 100 万元的设备，但是如果厂商改变销售策略，将设备租给这家公司，每年 20 万元租金，租期 5 年，则该业务开展会变得容易。可见，融资租赁使得制造业企业，尤其是厂商出租人，获得了更多的市场份额。另外，融资租赁是产品价格策略的一个影响因素，在融资租赁业务中，客户可以享受税收上的优惠和其他附加的补贴，这使得融资租赁更有竞争力。

将资产销售到国外，租赁是一种非常有效的方式，Gao（1999）认为一般有 4 种：

（1）企业可以与国外客户签订跨境租赁合同，在这种情况下，企业需自行制定出租赁合约。

（2）大型生产商在所在国或海外设立信贷子公司，为海外客户提供租赁服务。

（3）生产商可以与设有租赁子公司的金融机构合作，将设备通过该租赁子公司租给海外的客户。

（4）企业可以通过专业的国际租赁公司将设备租给海外客户。

Myers（1977）认为租赁无论是在进口还是出口方面都发挥着重要作用，以苏联为例，设备租赁是一项重要的国际贸易活动，他们不仅将租赁视为一种硬通货的来源，也视租赁为吸引客户购买产品的一种方式。

除了 Myers（1977）的研究之外，Chisnall（1985）认为融资租赁可以通过出口活动实现收入的增加。但由于国际收支问题的存在，使有些国家禁止购买和进口商品，然而通过融资租赁的方式却是被允许的。另外，由于客户可能缺少设备维护的专业人员和设备零件，出租人提供的资产服务对客户来说是十分有益的。事实上，租赁为融资和营销搭了一道桥梁，使承租人尽可能避免利用透支和短期融资来购买设备的情况。

Clark(1985)认为营销功能对融资租赁公司和生产商来说都是非常重要的，在很大程度上，营销可以反映企业销售活动的能力。常见的可以促使厂商销售的租赁有以下几种：

(1) 生产商将包括名字等基本信息的客户推荐给租赁公司，以后事项由租赁公司和准承租人共同完成。

(2) 生产商以租赁公司的名义与承租人约定有关内容，然后将租赁协议交给出租人。如果出租人认为承租人信用标准较低，出租人可要求生产商提供追索权或者取消该租赁业务。追索权是当承租人可能违约时生产商需从出租人处回购设备或者由生产商担保承租人可以按时履行租赁合同义务。

(3) 如果生产商与承租人约定的租赁协议较合理，承租人的信用标准也达到了出租人的要求，出租人可以以市场价格从厂商购买设备并出租，在这种情况下，厂商可以提供追索权，也可以不提供追索权。

(4) 通过合资的融资租赁公司来销售，其中生产厂商负责营销，租赁公司提供融资、信贷审批、交易管理等服务。Lowe 等(1980)认为当生产商提供销售式租赁时，出租人可以通过租赁融资的形式从生产商购买设备。出租人与生产商的关系越密切，从生产商处获得的专业知识越多，对设备的了解也越多。

在设备制造商通过独立第三方融资租赁公司和银行系租赁公司合作的方式来销售设备之后，生产商也通过自己成立融资租赁公司来销售产品，因为租赁促进了制造商的销售，租赁也可以被认为是产品销售的强化策略(Levitt, 1974)。Anderson 和 Lazer(1978)通过研究发现，在 20 世纪 50 年代，设备租赁以每年 30%的速度增长，到了 70 年代，年增长率为 15%～20%。为了解承租人的经济利益，我们需要考虑出租人和承租人在租赁决策中的地位，出租人和承租人是不同的两方，承租人是基于总成本的净现值和租赁收益来做决策，总成本包括租金、利息和营业费用等，其中租金是直接的现金流出，其他的是机会成本。租赁的好处还包括税盾以及暂时不需要全款购买设备等。当租赁的现金流为正，承租人应做出选择租赁的决策。出租人的决策和承租人类似，出租人的现金流与承租人符号相反。出租人的目的是使得净现值达到最大，而承租人的目的是在出租人给定租赁利率的情况下决定租赁或者购买。

在著作 *The Economic Impact of Leasing* 中，Mayes 和 Nicholas(1988)也

认为租赁对企业的销售收入会产生影响，作者设计了问卷调查来了解企业的租赁销售行为，包括如何提供设备、销售时机和销售数量等。样本（西南地区）包括 36 家提供租赁销售业务的企业以及 6 家来自 NIESR① 调查小组的企业，其中大多数企业通过与金融公司合作提供销售式租赁业务，但在使用租赁的企业中，租赁所占的比例并不高。从调查研究的结果看，无论是在销售数量上，还是在销售时机上，租赁的这种销售辅助功能还是对西南地区有着较为显著的影响。在样本中，53.1%的企业在销售数量上并未改变，46.9%的企业在销售数量上有所增加。在 NISER 调查小组的样本中，有 3 家企业的销售数量增加，2 家企业销售数量保持不变，这个比例与上一组相似。另外，租赁决策的时机对西南地区的影响也比较显著，41.9%的企业认为受到租赁销售业务的影响，提前作出了决策。

Coyle(2000)认为租赁是生产商辅助销售的一个重要手段，可以促进销售额的增加和利润的提高，并在二手设备市场上形成一定的垄断能力。另一方面，生产商通过融资租赁为客户提供融资帮助。当然，出租人在提供租赁服务时不得不接受相应的风险，因为承租人可能出现因违约而导致无法支付租金或延迟支付等情况，所以通常来说融资租赁公司需对承租人进行信用审查，若承租人达不到租赁公司的信用标准，则拒绝该项业务。当承租人出现违约时，出租人可以通过变现承租人的担保资产来获得应支付的租金，当然，在对担保资产进行强制变现时，可能存在担保资产的价值小于支付租金的风险。

Shi 和 Xu(2015)研究了中国融资租赁的发展情况，其研究结果显示，在中国，融资租赁对设备的销售起着重要的作用，这种促进销售的功能不仅提高了产品的竞争力，也提高了客户对产品的认可度。这与 Mayes 和 Nicholas (1988)、Coyle(2000)的研究结果是一致的。

通过厂商租赁来销售产品，是在激烈的竞争中非常具有优势的一种策略，Scardigli(2013)认为对于那些中小规模的经销商来说，使用厂商租赁可以使他们与规模较大的生产商有竞争的机会。当经销商和客户了解了厂商租赁的好处，经销商愿意开发新客户来销售产品。从客户的角度看，当厂商提供了一个有吸引力的融资方案，客户可能不再关注其他厂商的产品价格。另外，厂商租赁也给客户在现金流管理方面带来了便利。另一方面，客户并不知道三四年甚

---

① NIESR，全称为英国国家经济和社会研究所(National Institute of Economic and Social Research)，是一个独立的经济研究机构。它成立于 1938 年，是英国历史最悠久的独立经济研究机构。

至更长时间之后是否仍需要该设备，而在厂商租赁的业务中，客户并不需要考虑这个问题，因为若干年之后他们若仍需要该设备，可以选择购买或续租；若不需要该设备了，则可以选择退租。从经销商的角度看，提供厂商租赁可以与客户建立信任的关系，这种信任可以提高忠诚度，当厂商生产更先进的设备时，客户会愿意优先尝试。

## 3.2 融资租赁和应收账款的关系

王秀丽和史玉光(2010)认为应收账款是指企业因销售商品或产品、提供劳务等业务时，应向购买单位或接受劳务单位收取的款项，是随企业的销售行为而产生的债权资产。张巨光和沙泉(2011)认为在现有的文献中，直接关于融资租赁和应收账款的文献并不多，而融资租赁是信用销售的一种重要形式。我们首先来了解一下信用销售与应收账款的关系。

李磊(2013)认为对企业来说，如果制定的信用销售政策较为严格，应收账款将减少，相应的风险也会降低，但生产企业产品的销售数量也会降低，可能无法达到预期的利润。而如果生产企业制定的信用销售政策较为宽松，从账面上看，企业的销售收入虽然增加了，但伴随而来的是企业应收账款回收难度的增加，当客户延迟支付或者无法支付货款时，将会对企业的效益产生不良的影响，甚至会使企业的资金链断裂，更严重的，还会导致企业倒闭。李磊(2013)通过某公司具体的案例来研究信用销售和应收账款的关系，研究发现，该公司 2011 年应收账款金额的增长率大于销售收入的增长率，可见在这种信用销售的方式下，该公司的收入表面上是增加了，但并没有真正实际现金的流入。若应收账款无法按时收回，企业的短期偿债能力将会降低，进而对企业的资金周转产生不良的影响。另一方面，应收账款对生产企业的成本有非常直接的影响。若应收账款无法按时收回或出现坏账，应收账款的管理成本及机会成本会增加，从而导致企业的利润减少。

杨玲(2013)认为赊销等信用销售方式是形成应收账款的重要原因，从生产企业的角度看，这种交易方式可以吸引更多的客户，扩大产品的销售量，也可能提高企业的竞争力。从客户的角度看，客户在未付清货款的条件下就可以引入产品，当客户生产经营获得资金后，再支付货款，客户不仅付款的压力减轻，生产经营也容易正常运转。可以看出，应收账款沉淀了生产企业的部分资金，对企业的短期偿债能力和资产变现能力都有不利的影响，这与李磊(2013)的观点是一致的。

## 3.3　应收账款质量研究

应收账款质量是指企业应收账款在资产中的优良程度，它可以反映应收账款的变现能力。在衡量应收账款质量中，常采用的指标和方法有销售变现天数、因子分析法等。

早期的研究认为销售变现天数是衡量应收账款质量的重要方法，它等于应收账款总额除以平均销售额，它是评价企业信用管理部门对客户信用政策执行效果和应收账款回收效率的重要因素。对于传统的统计销售变现天数的方法，当每月的销售量保持不变时，这种计算方法并没有问题。但是，当销售量出现变化时，销售平均额与选定的期间有关，则销售变现天数也跟选定的期间有关，根据计算公式，它还跟应收账款数量有关。然而，传统的销售变现天数并没有考虑销售量权重的影响，这是因为较早的销售与近期的销售对应收账款的影响程度是不同的。Lewellen 和 Johnson(1972)提到了传统的销售变现天数计算方法存在的问题，并采用了一种新的计算方法：用未收回的销售额与以前设定基数的比例来评价应收账款的质量。这种方法充分考虑了以往的销售信息，但它并没有描述应收账款的趋势对投资的影响(Carpenter，Miller，1979)。

但是，Stone(1976)认为用销售变现天数和账龄来衡量应收账款质量是低效的，他们无法将影响应收账款的众多因素分离出来，可能会导致一些错误。Gallinger 和 Ifflander(1986)采用了方差分析模型来评价应收账款的质量，这种方法可以分离出应收账款的影响因素，分别讨论预算绩效、销售方式、销售数量对应收账款的影响，因此它可以克服传统方法中的不足。这种方法的优势还表现在，当销售预测出现错误时，可以很明显地识别出来，这就给应收账款管理人员设定预算和提高预测的准确性提供了参考。另一方面，方法分析模型可以分解出若干要素，使销售策略对应收账款的影响更容易理解。

后来，Freitas(1976)在前人研究的基础上对传统的销售变现天数的方法进行了修正，该方法考虑了选定期限内销售变化对计算结果的影响，但这种方法并没有考虑到应收账款抵消的情况，管理人员仍有可能得到不准确的信息。尽管如此，Freitas(1976)改进了计算方法，可以尝试为应收账款管理人员提供量化应收账款质量的计算方法。

另外，Carpenter 和 Miller(1979)也对销售变现天数的方法进行了改进，采用了加权销售变现天数的方法来衡量应收账款质量，该方法不会因为销售量的变动而对结果产生负面的影响，当应收账款质量出现恶化时，该方法可以对管理人员发出提醒，与以往的方法相比，该方法更准确，也更有效。在财务管理的研究中，它发挥了重要作用，但在某些情况下，会产生计算误差。

Newton(1993)认为对于厂商来说，扩大信用销售时应持谨慎的态度，因为在扩大信用销售的同时会产生应收账款。在医疗行业，作者结合医院的情况给出了应收账款表现的评价方法，认为传统的销售变现天数的方法在医疗行业使用较多，但这种方法无法解决资产表现的本质问题。Newton(1993)认为医院的应收账款是表现不良的资产，它会产生三个方面的成本：机会成本、管理成本、坏账损失，通过计算这三者来衡量应收账款的表现。

Gentry 和 Garza(1985)在 Carpenter 和 Miller(1979)的基础上对计算方法进行了改进，使得对应收账款有了更加直观的解释。它衡量了当应收账款变化时回款期与销售量的关系，对如何控制应收账款有一定的参考价值。目前，这一方法已经应用于企业的在线监测系统，通过该系统可以深入了解企业的现金流预测效果。另外，Richards 和 Laughlin(1980)认为这种方法也为分析应付账款和存货打下了基础。

在近几年的研究中，使用因子分析法来研究应收账款质量的成果越来越多。所谓因子分析法，就是用少数几个因子去描述许多指标或因素之间的联系，即将几个密切相关的变量归在同一类中，每一类变量就成为一个因子，以较少的几个因子反映原资料的大部分信息。杨玲(2013)从应收账款的规模性、增长性、风险性等 3 个维度出发，来反映制造型上市公司的应收账款质量。一是应收账款的规模性指标包括应收账款占流动资产的比例、应收账款占营业收入的比例等，这些指标可以反映应收账款对资产和利润的影响程度；二是应收账款的增长性指标包括应收账款增长率、营业收入增长率与应收账款增长率的差值等，这些指标可以反映应收账款的变化趋势；三是应收账款的风险性指标包括应收账款周转率、逾期应收账款所占比例等，这些指标可以反映应收账款的风险。

在蔡香梅(2010)的研究中，有部分因子与杨玲(2013)类似。蔡香梅研究选取了 8 个指标来构建应收账款质量的评价体系，分别是主营业务收入增长率与应收账款增长率之差、坏账损失率、逾期应收账款比例、呆账率、平均账龄、应收账款增长率、不重大应收账款比例、前五名债务人所欠应收账款比例；利用因子分析法从中提取了坏账可能性因子、风险性因子、实际变现性因子、贡献性因子等 4 个因子来评价企业的应收账款质量，并利用湖北省的上市公司数据来对应收账款质量进行实证分析。

与蔡香梅(2010)类似，王洪海等(2016)选取了 9 个指标来建立应收账款评价体系，分别是应收账款占流动资产的比例、应收账款占主营业务收入的比例、一年以上应收账款占总应收账款的比例、应收账款周转率、应收账款周转增长率、坏账损失率、呆账率、平均账龄、前五名债务人所欠应收账款比例；利用因子分析法提取了账龄状况因子、营运状况因子、集中程度因子、改善情况因子、实际发生坏账因子等 5 个因子对企业的应收账款质量进行分析，并选择了华东地区 75 家上市公司的应收账款进行了综合评价。

赖泳杏等(2010)从应收账款的规模、应收账款的回收时间、应收账款的改善情况来衡量应收账款的质量，并利用广西壮族自治区的上市公司作为样本来进行研究，结果发现在样本区间内，该省的很多上市公司都采用了信用销售策略，应收账款总额增加较为明显。刘琴安和朱维敏(2014)利用应收账款与流动资产的比例、应收账款的周转率、主营业务收入增长率和应收账款增长率之差来评价应收账款的质量，并对陕西省的上市公司的应收账款质量进行了衡量，研究发现，样本中应收账款的坏账损失率很高，同时周转率很低。赛娜和李霄(2013)利用比较分析法对内蒙古上市公司的样本进行了分析，在分析企业应收账款周转天数、流动资产、应收账款账龄、坏账等数据的基础上，发现样本企业的应收账款周转率较低、账龄较长。

谢霞(2013a)通过 2007—2011 年中国制造行业上市公司的样本对应收账款质量进行了评价，评价的指标包括应收账款规模、盈利性、变现性、流动性等，朱雅琴(2015)也有类似的分析。谢霞(2013b)通过 10 个指标来建立评价体系，分别是坏账准备率、应收账款周转率、其他不重大应收账款比率、呆账率、一年内应收账款比率、前五名应收账款比率、一年内应收账款与总应收账款的比值、应收账款占流动资产的比例、应收账款增长率与流动资产增长率之比、应收账款增长率与主营业务收入增长率之比，从中提取了坏账可能性因子、流动性因子、规模趋势性因子、信用风险性因子等 4 个因子。

除此之外，也有部分文献记录了从案例分析的角度来研究应收账款质量的相关内容。刘宏等(2013)以中联重科作为案例来分析其应收账款质量，作者认为 2008 年之后以中联重科为代表的工程机械行业的销售方式较为激进，比如过度使用融资租赁销售方式等，这些方式使得企业应收账款较高。数据显示，中联重科在 2008 年对信用政策做了调整，应收账款比 2007 年增长了 119.7%，而相应的主营业务收入只增长了 51%，说明该企业在使用融资租赁等信用销售方式下，应收账款迅速增加，但对营业收入增长的贡献却在下降。

## 3.4 简要评述

现有的文献在融资租赁基础理论、融资租赁和产品销售的关系、融资租赁和应收账款之间的关系以及应收账款质量的评价等方面有较多的探讨，这对本书中的许多观点提供了重要的理论基础。但是，在现有的文献研究中，仍有以下几方面存在需要改进的地方：

(1) 缺少融资租赁对销售影响的实证分析。在已知的有关研究中，几乎所有的研究仅从定性的角度来分析融资租赁对销售收入的影响，却鲜有文献记载如何对该问题进行定量的分析。

(2) 关于融资租赁的研究，仍存在空白之处。在融资租赁的基础理论研究中，大多还是从承租人的角度来研究，却很少有学者从厂商的视角来研究，无法对融资租赁进行系统全面的了解。

(3) 缺少融资租赁对应收账款及应收账款质量的实证分析，在已知的关于融资租赁的研究中，大多忽略了融资租赁对厂商应收账款质量的影响。

# 第 4 章　融资租赁概况及其在装备制造业中的应用

## 4.1　融资租赁概况

### 4.1.1　融资租赁的定义及特征

融资租赁于 20 世纪 50 年代起源于美国，经历了半个多世纪的发展，因为全球不同国家的法律制度、会计准则、监管体系和税收制度存在很大差异，因此各国对融资租赁的理解也有很大的差异。在我国，融资租赁也有不同的定义形式。

**1. 我国合同法对融资租赁的定义**

《中华人民共和国合同法》第二百三十七条对融资租赁合同进行了定义："融资租赁合同是出租人根据承租人对出卖人、租赁物的选择，向出卖人购买租赁物，提供给承租人使用，承租人支付租金的合同。"《合同法》规定了各交易方的权利和义务关系，首先承租人选定出卖人和租赁物，然后出租人出资购买。在合同生效期间，承租人享有租赁的使用权，并需要承担租赁物的保养和维修的义务(《合同法》二百四十七条)。出租人对租赁资产的所有权受到法律保护，表现在当承租人遇到财务困境破产时，租赁物并不在破产财产范围之内(《合同法》二百四十二条)。

**2. 我国会计准则对融资租赁的定义**

在财政部颁布的《企业会计准则第 21 号——租赁(2006)》一文中，第五条对融资租赁作了规定："融资租赁是指实质上转移了与资产所有权有关的全部风险和报酬的租赁。其所有权最终可能转移，也可能不转移。"该文件第六条将满足以下一项或多项的行为认定为融资租赁：

(1) 当租赁届满时，租赁物的所有权转移到承租方；

(2) 承租人可以行使以较低的价格购买租赁标的资产的选择权；

(3) 租赁物的租赁期限占使用寿命的大多数(一般指大于折旧年限的75%)；

(4) 出租人租赁付款额现值与租赁起始日租赁物的公允价值比较接近(一般大于购置成本的90%)；

(5) 只有承租人才能使用的设备。

虽然我国不同的法律法规对融资租赁的表述可能稍有不同，但可以看出，不同的定义有共同的内容，即出租人选择租赁物和供货厂商，由出租人出资购买，然后出租人将购买的租赁物出租给承租人。交易形式可以用图4.1表示(史燕平，2005)。

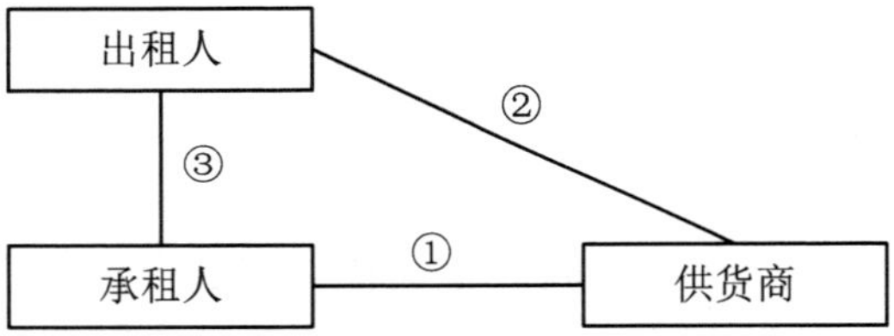


**图4.1　融资租赁交易图**

注：① 承租人在供货商处选定拟租赁的设备。
② 出租人向供货商付款，购买承租人指定的设备。
③ 出租人和承租人签订融资租赁合同，承租人按时向出租人支付租金。

### 3. 融资租赁的特征

从以上定义不难发现，融资租赁具有以下特征：

(1) 融资租赁涉及至少3方当事人和2个合同。融资租赁交易需出租人、承租人和供货商至少3方当事人参与，并且至少签订2个合同。即首先出租人与供货商签订买卖合同并向供货商支付货款，然后出租人与承租人签订融资租赁合同，将租赁物移交给承租人，在合同生效后，承租人需按照合同约定按期偿付租金。不同的融资租赁交易形式会略有不同，比如厂商租赁中供货商还同时担当出租人的角色，转租赁中承租人也同时担当出租人的角色等。

(2) 承租人选定租赁标的资产，由出租人购买。租赁物和供应商由出租人选择，这说明承租人有行使投资决策的权利。出资人和决策人的分离，是融资租赁和传统租赁的重要区别之一，也说明融资租赁的本质是融资，租赁只是融资的形式。

(3) 租赁物的使用权和所有权分离。通过签订融资租赁合同，出租人保留租赁物的所有权，将租赁物的使用权和收益权转移给承租人，在这种情况下，租赁实现了使用权和所有权的分离。

(4) 融资租赁属于中长期融资行为。出租人购买租赁物，达到为承租人提供融资的目的。租赁物通常以大型设备为主，折旧年限较长。一般来说，租赁期限占设备法定折旧年限的大部分，因此融资租赁的合同期限通常长于一年，是中长期融资行为。

## 4.1.2　融资租赁的功能

**1. 融资功能**

融资租赁的载体是设备，即承租人必须以融物(设备)的形式将资金投入到企业。这是因为在一项融资租赁交易中，承租企业无法直接取得资金，只是从出租方获得了租赁物的使用权。这种方式对承租人而言，一方面通过引进设备可以进行扩大生产并提高效率，另一方面也降低了资金的风险。

**2. 投资功能**

投资和融资是一项投资活动的两个方面，对于资金的使用方来说是融资行为，而对于资金的提供方来说则是投资行为。在现有的关于融资租赁的文献中，大多数讨论的是融资行为(史燕平，2005)。但是如果没有投资方的参与，融资租赁交易是无法完成的。

融资租赁的投资可以从以下两个方面理解：

(1) 投资人认为融资租赁业务可以为他们带来更多的收益，进而他们出资建立融资租赁公司。在我国租赁市场上较为常见的独立第三方融资租赁公司，便是这种类型。

(2) 融资租赁被视为一种新型的投资方式。近几年来，随着互联网金融的兴起，融资租赁交易平台越来越多，比如融租 E 投、华融道、红象金融等，投资人可以通过购买上述公司的产品实现投资回报，这样投资人即使不经营融资租赁公司也可以获得相应的收益。

**3. 促销功能**

融资租赁具有促进产品销售的作用，尤其是对于价格昂贵的装备。由于出租人拥有对设备的所有权，因此承租人只需支付较少的资金便可以取得设备的使用权，承租人可以在现金流相对不足的情况下获得设备。如果承租人发展潜力较大，出租人可以进一步支持承租人引进设备，进而提高承租人的盈利能力。作为设备供应商，装备制造企业销售出了更多的设备，扩大了市场份额。另外，通过融资租赁，使得一部分现金流不足的潜在企业转化成了现实客户，既达到了融资的目的，供应商也实现了产品的销售。

在发展较完善的租赁市场，根据融资租赁业务中出租人对租赁投资的回收方式，可以分为全额清偿和非全额清偿两种方式。全额清偿是指出租人将租赁的全部投资作为租赁期内租金的计算基数；而非全额清偿是指出租人并不将全部投资作为租赁期内租金的计算基数，只是将部分投资额作为基数，比如 80% 或者 90%。如果出租人采用非全额清偿的方式，意味着出租人在租赁期结束时并没有收回其全部投资。这两种方式的区别在于出租人在租赁期结束时对租赁资产的处置。在全额清偿的方式下，承租人在租赁期末以名义价格从出租人处购买租赁资产；而在非全额清偿的方式下，承租人可以选择退租、续租或者以市场价格从出租处购买租赁资产。对于承租人而言，这种非全额清偿方式的好处在于不仅降低了租赁期内的租金支付的压力，而且将租赁资产所有权的风险转移到了出租人一方。换句话说，在租赁期末时，如果承租人不再需要该租赁资产，承租人可以选择将租赁资产退还；如果承租人需要继续使用该租赁资产，承租人可以选择续租或者购买。

正是融资租赁中的这种特点，使其比其他的促销方式更有优势。以分期付款为例，分期付款仅仅为客户提供了融资帮助，而非全额清偿的方式不仅为客户提供了融资上的方便，还对承租人在租赁期末对租赁资产有了更多的处理选择。

**4. 资产管理功能**

从会计角度看，企业的资产管理包括固定资产管理、流动资产管理和无形资产管理（史燕平，2005），资产管理是为了提高资产周转率并从中获利。融资租赁方式可以对企业进行资产管理，这是因为融资租赁联结了实物资产和货币资产，通过融资租赁，可以实现两者的转变，这恰好迎合了资产管理的需要。

对企业来说，保持资产的流动性是非常重要的。当企业流动资产比例较低时，企业很有可能因为支付能力不足而遭遇财务困境。在这种情况下，企业并不能直接通过变卖固定资产来解决困难，一方面，固定资产通常是企业正常生产的保证，变卖之后，企业可能无法继续正常的生产经营活动；另一方面，企业的固定资产专有性很强，并不一定能轻易出售。这时，通过融资租赁中的出售回租的交易形式，就可以解决上述问题。首先，固定资产所有者将拥有的固定资产出售给融资租赁公司，然后，再将已出售的资产租回。通过出售回租的交易形式，虽然出租人成为了资产的所有者，但承租人仍然继续使用已出售资产，并没有改变使用地点和使用方式。可见出售回租的方式增强了承租企业资产的流动性，起到了资产变现的作用。承租人通过这种形式获得了现金，可以缓解企业现金流不足的问题。

另外，当企业，尤其是装备制造企业，进行技术升级而更换新的设备时，便会产生闲置的固定资产。在这种情况下，该企业可以通过租赁的方式处理闲置资产，从而充分发挥资产的价值，实现资源的有效配置。

随着新经济形式的出现，企业的资产规模并不能完全体现企业真正的实力。同时，随着各种交易方式的出现，拥有设备并不重要，能够使用设备创造价值才是最重要的。因此，在这种条件下，融资租赁公司通过经营性租赁的方式对设备进行专业化管理，就成为优化设备资源的一种方式。从承租人的角度看，租赁公司对资产进行维修和保养等服务，减少了承租人的成本。从出租人的角度看，在经营性租赁的交易方式中，出租人承担设备的风险，这时出租人需要对二手设备市场有较准确的了解，要能够判断出在租赁期之后该设备的价值。

### 4.1.3　我国融资租赁发展历程

融资租赁于 20 世纪 80 年代被引入我国，经过 30 多年的发展，我国融资租赁行业经历了起步阶段、快速发展阶段、停滞阶段、恢复调整阶段、全面发展阶段等。

**1. 起步阶段(1981—1985 年)**

在我国改革开放之初，经济实力较弱，工业设备落后。为了能筹资购买国外的先进设备来支持企业的发展，我国设立了中外合资的融资租赁公司。1981 年 4 月，我国成立了东方租赁有限公司，这是第一家中外合资融资租赁公司。后来，中国国际信托投资公司又与国家物资局合资建立了中国租赁有限公司。这段时间里，中国国际信托投资公司与美国有关部门合作，先后引进了编织机生产线以及其他一些大型项目。这一阶段的项目一般由政府机构决策，租赁也是由政府部门担保，由于得到了政府的大力支持，融资租赁作为新兴行业在我国取得了稳定的发展，租赁交易额不断增加，对企业进行技术改造和设备升级起到了重要的作用。

**2. 快速发展阶段(1986—1993 年)**

20 世纪 80 年代末，我国先后成立了 50 多家融资租赁公司，10 年间累计引入和租赁有关的项目一万余项，涉及航空、交通、农业等多个领域，融资租赁交易额快速上涨。以中外合资融资租赁为例，1986 年租赁交易额为 38660 万美元，到了 1988 年达 49785 万美元。融资租赁在这一阶段得到快速发展，主要是因为：① 我国市场经济的建立，对租赁业的发展起到了推动作用。以前主要依靠增加生产要素的方法来发展，而随着市场经济的建立，企业应通过技术改造和提高生产率来发展。但由于民营企业筹资方式受限，很难从商业银行获得贷款，租赁便为这些企业提供了一个融资渠道。② 我国对租赁给予了部分优惠政策，比如租赁设备加速折旧，以及在当时外汇管制非常严的条件下，允许国外的设备供应商和金融机构成立中外合资租赁公司，对此类公司还不设外汇限制，这也有力地推动了合资租赁公司的发展。

**3. 停滞阶段(1994—1998 年)**

在这一阶段，我国租赁业陷入低谷。据行业统计，1998 年底企业欠租情况严重，达 6 亿美元，导致众多中外合资租赁公司盈利能力下降，甚至出现亏损。40 余家专业的中外合资租赁公司中，正常经营业务的仅有几家。造成这种局面的主要原因是我国经济体制的转变。在租赁业务引入我国之初，租赁决策由政府制定，承租人也以国有企业为主，租赁也由政府担保，融资租赁仅仅是一种融资形式，因此租赁业务得到了快速扩张。然而，1998 年 6 月，最高人民法院规定“国家机关不能作为担保人”，这意味着出租人的利益无法得到有效保护，以前由政府机构作担保的租赁项目出现了大量难以收回租金的现象，租赁业的发展受到阻碍。20 世纪 80 年代初，虽然很多企业对融资租赁表现出极大的热情，租赁业也确实对企业引入国外的先进设备起到了积极的作用，但是，当时企业利用融资租赁主要是为了引入外资，并没有充分认识到租赁的优势，久而久之，对租赁的热情逐渐降低，影响了租赁的发展。

**4. 恢复调整阶段(1999—2003 年)**

针对行业存在的问题，有关部门邀请了业内专家于 1998 年 8 月在秦皇岛举行了租赁研讨会。会议上提出我国租赁业需转变经营理念并对行业的转型方向统一认识，这是我国融资租赁业发展的一个重要转折点，标志着我国租赁行业朝着正规的方向行进。之后，我国对融资租赁所涉及的法律、会计准则、税收等方面逐步进行了修订和完善。在法律方面，《中华人民共和国合同法》第十四章对融资租赁行为进行了规范，于 1999 年 9 月 1 日施行；在监管方面，中国人民银行制定了《金融租赁管理办法》，对金融租赁公司业务作了规定。此外，原外经贸部 2001 年制定了《外商投资租赁公司审批管理办法》，该文件已于 2005 年 3 月失效，后来又颁布了《外商投资租赁业审批管理办法》；在会计方面，财政部 2001 年制定了《企业会计准则——租赁》，对租赁的确认、计量以及有关信息的列报进行了规范；在税务方面，融资租赁税收的政策主要分散在其他税法中，例如 2003 年制定的《财政部、国家税务总局关于营业税若干政策的通知》中有关于融资租赁业务税收的规定；另外，融资租赁公司进行了资金补充和资产重组，风险防御能力得到了提高。

**5. 全面发展阶段(2004 年至今)**

经过几年的调整，2004 年之后，我国租赁业逐渐恢复生机。2004 年底，商务部和国家税务总局开始审批建立内资试点融资租赁公司。同期，商务部开放外商独资融资租赁公司牌照，比如卡特彼勒融资租赁公司。2007 年，原银监会发布《金融租赁公司管理办法》，允许商业银行成立金融租赁公司经营业务，比如民生金融租赁、工银租赁等。

截至 2014 年 12 月，我国融资租赁公司共 2045 家，比上年底增加 959 家，增幅为 88.3%；注册资本金总量 5564.6 亿元，比上年底增加 2680.4 亿元，增幅为 92.9%；融资租赁企业资产总额 11010 亿元，比上年同期增长 26.2%。

## 4.2　装备制造业发展概况

### 4.2.1　装备制造业的定义

1998 年，中央经济工作会议提出要"大力发展装备制造业"，之后逐步开始有关于装备制造业的研究。装备制造业又被称为装备工业，是为了满足国民经济各个部门的发展需求及国防需要而制造各种生产技术装备的产业总称，主要指资本品制造业，即"生产机器的机器制造业"。

由于不同部门对装备制造业的认识不同，到目前为止，对该行业并没有统一的界定。部分研究将国民经济行业分类中的机械、电子和兵器工业中的投资制成品归为装备制造业的范畴，即金属制品业、专用设备制造业、通用设备制造业、电气机械及器材制造业、交通运输设备制造业、电子及通信设备制造业、仪器仪表及文化办公用制造业 7 大类中的 186 个小类。

### 4.2.2　我国装备制造业的地位和作用

装备制造业在国民经济中的地位非同一般，在经济发展的过程中扮演着重要角色，表现在对国民经济生产总值的影响、对就业的影响、对国防建设的影响、对经济增长方式的影响、对产业结构升级的影响以及对提高人民生活水平的影响。

**1. 装备制造业对国民生产总值的影响**

作为第二产业的一部分，制造业对国民生产总值的贡献巨大。可以说，如果国家的制造产业不发达，则国家很难强大。无论是发达国家还是新型工业化国家，作为制造业的重要组成部分，装备制造业对经济发展的贡献都很大。从图 4.2 可以看出，我国 2004—2012 年制造业增加值占国民生产总值增加值的比例在 30%～33%之间，装备制造业占制造业的比例在 37%～39%之间。另外，从图 4.3 看出，装备制造业的年增长率高于国民生产总值的年增长率，这意

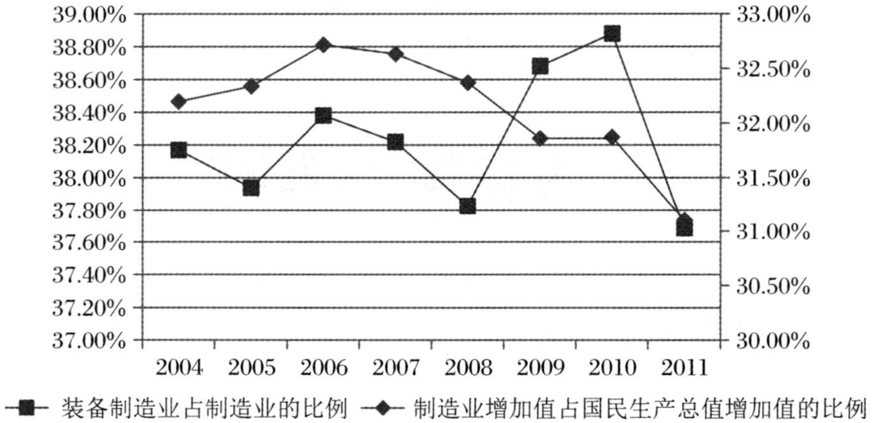


**图 4.2 装备制造业占制造业的比例与制造业增加值占国民生产总值增加值的比例示意图**

数据来源：Wind 资讯

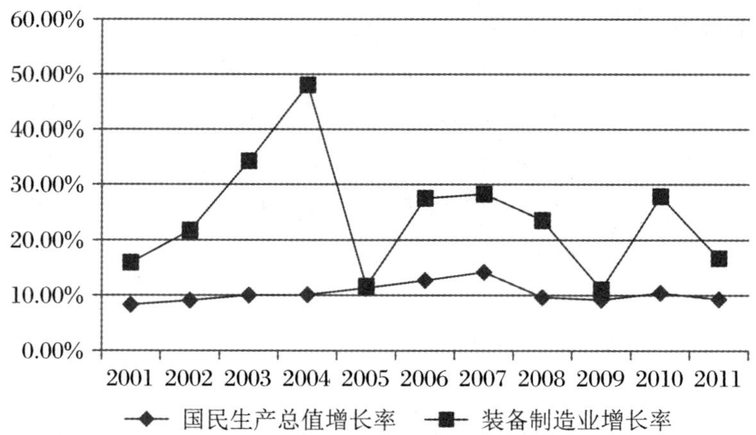


**图 4.3 国民生产总值与装备制造业增长率图示**

数据来源：Wind 资讯

味着装备制造业是促进经济增长的重要力量。随着中央政府支持东北振兴以及中国制造 2025 进程的发展，装备制造业对我国国民生产总值的贡献还会增加。

**2．装备制造业对就业的影响**

虽然装备制造业是技术密集型产业，但它是组装式行业，同时具有劳动密集型的性质，这意味着该行业有较强的吸纳就业人员的能力，可以提供相对较多的就业岗位。另外，装备制造业与其他行业紧密相关，对装备制造业加大投入也会带动其他行业的发展（比如第三产业），进而可以提供相应的就业岗位。就业压力得到缓解，在一定程度上对维持社会的稳定与和谐发展起着很重要的作用。

从具体行业分类来看，装备制造业的各分行业从业人员的平均人数，如图 4.4 所示。

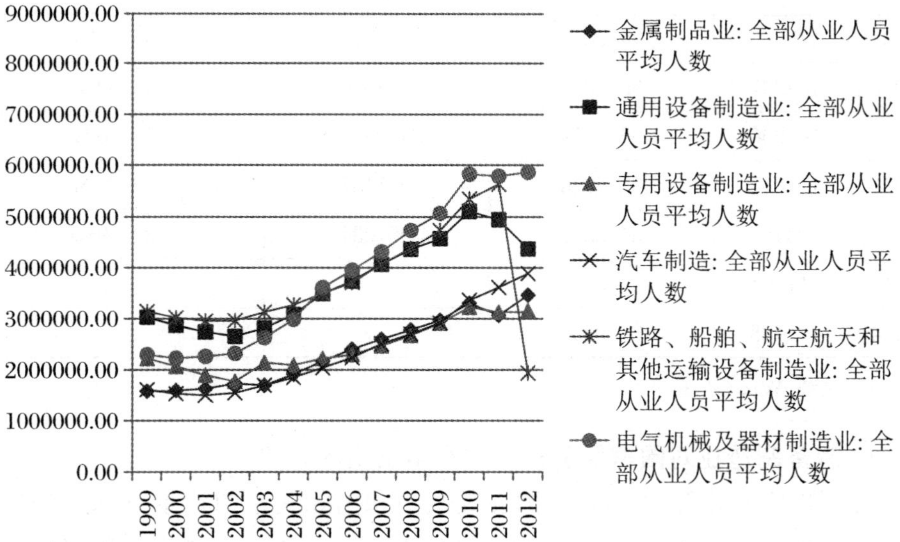


**图 4.4　装备制造业各分行业从业人员平均人数**

数据来源：Wind 资讯

从表 4.1 可以发现，我国装备制造业单位数和从业人数基本上呈逐年增加的趋势，其中装备制造业单位数占全部工业企业单位总数的 29%～37%，装备制造业全部从业人员平均人数占全部工业企业从业人员平均人数的 28%～40%。

表 4.1 装备制造业单位总数和从业人员数

| 时间 | 装备制造业单位总数 | 占全部工业企业单位总数比例 | 装备制造业全部从业人员平均人数 | 占全部工业企业全部从业人员平均人数比例 |
|---|---|---|---|---|
| 1999 | 45711 | 29.51% | 16293556 | 28.16% |
| 2000 | 47776 | 30.10% | 15761758 | 28.49% |
| 2001 | 51478 | 30.50% | 15555454 | 28.64% |
| 2002 | 55505 | 31.03% | 15842755 | 28.95% |
| 2003 | 61210 | 31.64% | 17571917 | 30.79% |
| 2004 | 70746 | 32.24% | 19325037 | 31.69% |
| 2005 | 89346 | 33.58% | 22295609 | 32.86% |
| 2006 | 97295 | 33.43% | 24297638 | 33.72% |
| 2007 | 109942 | 33.95% | 26698926 | 34.84% |
| 2008 | 125156 | 34.88% | 29105727 | 35.93% |
| 2009 | 154331 | 36.52% | 30545567 | 36.60% |
| 2010 | 165906 | 36.66% | 34708210 | 38.30% |
| 2011 | 111832 | 35.70% | 35251377 | 39.24% |
| 2012 | 104485 | 31.33% | 32076317 | 34.59% |
| 2013 | 111164 | 31.53% | | |
| 2014 | 115488 | 31.97% | | |

数据来源：Wind 资讯

### 3. 装备制造业对国家经济安全和军事安全的影响

国家的经济安全，指的是一国在其政治和国际关系的背景下，能够遵循其政策来发展经济，保持该国不受恶意侵犯和损害的状态和能力。从历史上看，一国为了达到对另一国进行经济控制的目的，会对其进行侵略并掠夺他们的资源。在当今世界，国际贸易日趋紧密，经济安全显得尤为重要。

对国家经济安全来说，装备制造业是至关重要的领域。然而，我国装备制造业在很多方面仍主要依赖进口，例如，我国 30% 的高铁设备、约 15% 的核电站设备都是从发达国家购买，还有轿车工业设备、数控机床业、计算机制造业等，显然，过度地依赖进口不能维持国家的经济安全。20 世纪时，我国在装备制造方面过度地依赖苏联，使我国意识到装备落后的后果。另一方面，出于诸多原因，西方国家在很多装备上采取对华禁运的措施。1949 年，美国及欧洲部分国家成立了“巴黎统筹委员会”，长期控制对中国军事技术的出口。“冷战”之后，又签订了《瓦森纳协议》，继续针对中国实施禁运。即使到现在，美国商务部仍以“国家安全”为借口，在航空器、激光器及高科技通信器材、芯片制造设备等领域限制对华出口，欧盟也在军用和民用产品方面对我国进行诸多的出口限制。

装备制造业对军事安全的重要性更是不言自明，先进的军事装备是现代战争能够取得胜利的决定性因素之一，从伊拉克战争、海湾战争等几次战争的结果都可以看出。我国军事专家戴旭曾说：国家的军事实力由工业实力及技术实力决定，一国应追求技术含量高、能真正转化成国防实力的工业实力。这里的工业实力指的就应是装备制造业的发展程度。

**4. 装备制造业促进产业优化升级**

党的十八大提出加快实现现代化进程，劳动生产率的提高是保证这一目标能顺利实现的前提，而劳动生产率的提高需要科学的管理以及先进的设备，并需要把技术转化成生产力来实现。从历史发展来看，我国很多传统行业由于不断地采用新设备，使生产效率得到了提高。以农业为例，在早期，无论是耕地、除草还是收割，基本都以手工为主；后来出现了犁、镰刀、锄头等简单的农具，农民提高了劳动效率。随着近年来现代农具的广泛使用，比如翻转犁、松土机、收割机等，劳动生产率得到了进一步的提高。另外，像石化行业、重型机械业、纺织业等，都需要较先进的设备和仪器，这一切都依赖于我国装备制造业的发展。另外，由于装备制造业具有关联性高等特点，通过技术转移和扩散产生的关联作用，对其他行业的产业优化也会起到积极的作用。

## 4.2.3　我国装备制造业的发展阶段

1949 年中华人民共和国成立之初，装备制造业在我国几乎是空白，然而，60 多年以后，装备制造业已成为我国国民经济的支柱产业。回顾我国装备制造业的发展过程，我们发现装备制造业的发展与我国的产业政策是紧密联系在一起的。根据不同时期的特点，我们将装备制造业的发展分为以下三个阶段。

**1. 起步阶段(1949—1980 年)**

中华人民共和国成立时，我国的工业总产值仅排在世界 26 位，工业非常落后。当时的兵工厂只能生产步枪等轻武器,其他装备制造企业也很少,几乎没有生产机械设备的能力。由于认识到工业的发展对国防建设的重要性,我国从苏联购买了很多装备,包括坦克、军舰、各种轻、重型武器等,并在苏联的支持下,合作了多个项目,这为我国的工业现代化,尤其是国防工业现代化,奠定了良好的基础。经过3年的努力,工业产值达到了当时的历史最高值,但仍然与世界上发达国家的距离非常遥远。

1953—1957年,我国第一个五年计划。在“一五”计划期间,国家集中力量发展能源、机械设备等重工业,将我国从农业国发展成较强的工业国。1953年国内生产总值及工业增加值分别为824.2亿元和163.5亿元,1957年分别增至1069.3亿元和271亿元。

1956年9月,中共八大召开,会上制定了1958—1962年第二个五年计划,强调在第一个五年计划的基础上继续加强重工业建设,巩固我国的工业化基础。“二五”计划在实际执行的过程中出现了急于求成的现象,原定的指标被不断提高。1958年8月,中共会议认为“二五”便可以完成社会主义建设,到“二五”计划最后一年时便可建立强大的工业体系,并提出在某些指标上“超英赶美”的计划。由于错误思想的指导,严重影响到国民经济的发展,也影响了人民的生活水平。1958年我国国内生产总值及工业增加值分别为1308.2亿元和414.5亿元,而到了1962年分别是1151.2亿元和325.4亿元。1960年,中央政府提出“调整、充实、巩固、提高”八字方针,调整了“二五”计划不切实际的指标,逐渐将经济发展引向正途。

20世纪50年代中后期,中共中央对工业布局进行调整,将建设重点放在西北及西南地区,这就是历史上的“三线建设”。三线建设共投入两千多亿元,占当时全国基本建设投资的40%,装备制造企业得到了发展,这对我国中西部的工业化建设起到了重要作用。

由于国际局势严峻,我国1966—1970年“三五”计划主要任务之一就是大力发展国防建设。1966年我国国内生产总值及工业增加值分别为1873.1亿元和648.6亿元,而到了1968年,分别为1730.2亿元和490.3亿元。

1971—1975年,第四个五年计划实施。当时的国际局势比之前有所缓和,中国和苏联、美国紧张的关系也得到了缓解,我国装备制造企业也生产出了当时较先进的工业产品,整个行业得到了一定的发展。

1976年之后,国民经济和装备工业开始好转。1978年12月,十一届三中全会召开,拉开了改革开放的大幕,我国装备制造业也在改革的步伐中迎来了新的发展。

总的来看这一发展阶段，过程虽然崎岖坎坷，但初步形成了较完善的装备工业体系，在机床设备、电子设备、卫星设备等方面的发展也取得了突破，这些都为装备制造业的飞速发展打下了基础。

改革开放之前，我国经历了许多国内和国际上的挫折，使我国经济发展受到了很大的影响，工业化进程也有所减缓。1978 年，我国开始编制第五个五年计划。至 1978 年底，十一届三中全会召开，将社会主义现代化建设作为我国的工作重点，扭转了错误的指导思想。在“五五”计划中，国家有关部门在原有装备制造企业的基础上进行调整，表现在：一是调整重工业的发展规模，将部分工作重点转移到农业和轻工业等方面；二是从原来只关注制造转变为成套生产，不仅是生产设备，也负责维修、安装及配件供给；三是装备制造业产品不仅在国内市场销售，也逐渐走向国际市场，拓宽了市场范围，使工业产品的出口成为现实；四是产量由以前的小规模逐步向大规模转变；五是装备制造企业经营主体呈多元化趋势，以前以国有装备企业和集体装备企业为主，现在出现了民营和中外合资装备制造企业。由于种种措施的实施，工业增加值由 1978 年的 1602.9 亿元，增至 1980 年的 1991.4 亿元。

**2. 成长阶段(1981—2000 年)**

“六五”期间，由于中央规划较合理客观，我国装备制造业取得了一定的发展，尤其是汽车、通信设施制造等行业。1983 年 2 月，“一汽”完成了第 100 万辆汽车的生产；8 月，我国成功发射了第一颗科学实验卫星。1983 年 7 月，中央政府颁布《关于抓紧研制重大技术装备的决定》，认为应加强国内外合作，研制若干项目技术装备，并确定了“七五”期间十余项重大技术装备项目。1984 年，装备制造业进行改革，实行简政放权，使装备工业更好地为市场服务。“六五”期间，我国国内生产总值和工业增加值实现平稳地增长，由 1981 年的 4898.1 亿元和 2043.2 亿元分别增加到 1985 年的 9039.9 亿元和 3439.9 亿元。

第七个五年计划的进行，使我国装备制造业得到了深层次的发展。1987 年 10 月，中共十三大召开，会议提出推进装备现代化，改善交通机械制造等行业的面貌，振兴电子工业，发展先进的工业设备等。在此期间，我国装备制造业在飞机、卫星等高科技领域取得了很大的成就。1987 年 10 月，国内第一条汽车高速实验跑道建成。1988 年 10 月，第一座高能加速器研制成功。1990 年 2 月，我国第一枚大推力捆绑火箭发射成功，5 月，歼-7E 飞机试飞成功。另外，一批民营企业在这一阶段诞生,个别企业甚至成了装备制造业的巨头。1986 年,梁稳根成立了涟源茅塘焊接材料厂,后来成为著名的装备制造企业——三一集团。1987 年,任正非成立了华为公司,发展到今天,已成为中国乃至世界通信设备企业的佼佼者。

随着改革开放的进行,我国在“八五”计划中提出推广电子技术的应用,发展计算机、通信技术设备,同时提高重大技术装备的生产水平,比如大型矿山设备,50 万伏输变电设备等,以及加强对汽车制造、铁路、船舶和航空业的发展。“八五”期间,铁路、公路运输能力、光纤设备、煤矿开采设备、石油勘探设备等取得了丰硕的成果。比如,“八五”期间新增铁路 5000 多公里,6 英寸单硅晶抛光片产品研制成功,电子数据交换在某些领域得到了应用。国民生产总值和工业增加值从 1991 年的 21895.5 亿元和 8066.5 亿元,分别增至 1995 年的 61129.8 亿元和 24887.2 亿元。

“九五”计划期间,我国的工业体系已比较完善,但结构尚存在不合理的地方,整个装备制造行业的技术水平还不够高,比如机械制造业研发能力较弱,加工工业技术水平有待加强等。经过第九个五年计划的实施,我国装备制造业取得了较多的重大成果。比如,超声外科手术装备研制成功,性能达到国际领先水平;仪器仪表行业也取得了较快的发展,该行业在“九五”期间技术改造工程达 30 余项,总投资逾 10 亿元,在很大程度上提高了行业的制造技术和研发水平。从 1979 年到 20 世纪末是装备制造业稳步发展的阶段。这期间,装备制造企业单位数、从业人数、工业总产值等都呈现稳步增长的态势。

**3. 起飞阶段(2001 年至今)**

我国在第十个五年计划中提出大力发展装备制造业,加快工业改造以及结构优化升级。推进机械与电子工程一体化,为各行各业生产技术装备。2002 年召开的十六大根据装备制造业的发展提出:争取到 2020 年使重大装备能满足国内经济发展的需要,由制造大国向制造强国迈进,从而实现“装备中国,走向世界”的目标。2001 年 1 月,“神舟二号”成功发射;2002 年 3 月,“神舟三号”成功发射;6 月,上海石化万吨级乙烯工程成功改造;12 月,“神舟四号”成功发射;2023 年 10 月,“神舟五号”成功发射。这一系列的成果说明我国装备制造业的研发能力和生产能力均提升到一个新的台阶。“十五”期间,我国国内生产总值和工业增加值由 2001 年的 110270.4 亿元和 43469.8 亿元,分别增至 2005 年的 185895.8 亿元和 77034.4 亿元。

在"十一五"规划中，中共中央提出装备制造业应通过重点工程来提高自主发展的水平，尤其是输变电设备、集成电路设备等领域；同时，应努力提高汽车的创新水平，在发动机和零部件等方面争取拥有更多自主产权，推进开发新能源汽车。另外，加快船舶行业的发展，一方面提高船舶的配套设施，发展新型船舶工程设备，另一方面建立船舶基地，引导船舶业合理发展。2006年，中央政府发布《国务院关于加快振兴装备制造业的若干意见》，文件提到发展装备制造业，为经济发展提供更加先进的装备，包括铁路、城市轨道交通设备、智能化控制设备和矿山设备等。2007年1月，有关部门联合发布《关于落实国务院加快振兴装备制造业的若干意见有关进口税收政策的通知》，2009年6月，发布《船舶工业调整振兴规划》，通过这些重要文件，可以看出国家有关部门对发展装备制造业的重视和决心。

由于国家的大力扶持，我国装备制造业在"十一五"期间取得了巨大的成就。2006年12月，我国"先行2号"盾构机研制成功并投入使用，这是完全国产的地铁盾构机，打破了以往盾构机全部依赖进口的状况。2007年7月，三峡电站26号机组投产；12月，首列高速动车下线；2008年1月，世界最大的矿用55 $m^3$ 挖掘机下线。到2010年，我国工业增加值已达到162376.4亿元。

到了"十二五"时期，国家有关部门进一步加大了对装备制造业的投入。"十二五"规划中提出进一步发展装备制造业，依托重点工程发展技术装备并完善相关政策，积极有序发展高端装备制造等产业，提高核心竞争力和收益水平。2011年，国务院发布《工业转型升级规划(2011—2015)》，文件中将发展装备制造业作为重点发展的领域之一，推动装备制造业由"大"向"强"的转变；同年9月，"天宫一号"发射成功，这是我国自主研发的太空飞行器。2012年工信部发布了《船舶工业"十二五"发展规划》《高端装备制造业"十二五"发展规划》《重大技术装备自主创新指导目录(2012年版)》，工信部等部门联合制定了《海洋工程装备制造业中长期发展规划》，进一步明确了船舶工业和海洋工程装备制造业的发展方向，同时将航空装备等作为高端装备制造业的重点方向。可以看出，"十二五"期间，我国在装备制造业的诸多领域取得了重大突破。经过几十年的发展，装备制造业在规模、自主研发能力上都取得了飞速的发展。

# 4.3 融资租赁在装备制造业中的作用

## 4.3.1 融资租赁是装备制造业的一种的融资方式

装备制造行业，无论是生产通用设备（比如工程机械设备）、还是基础设备（比如机床设备）、或者是高科技设备（比如航天设备）等，所需的研发成本、设备购置成本、生产成本等都十分高昂，因此装备制造业所需的投资规模通常较大，一般来说数以亿计。从这一角度看，装备制造业是资金密集型产业。另一方面，发展装备制造业需要不断地进行技术创新。技术创新是科技创新中的一种重要形式，是对现有的产品和服务方式进行改进的活动。在技术创新的过程中，从最初的研究到最后的生产，几乎每个环节都需要巨额资金支持。然而，就我国目前的情况看，国家对技术创新的资金投入不能满足装备制造业的发展。因此，解决装备制造业的资金问题是装备制造业持续发展的重要保证。

一般来说，按照资金来源，融资方式可以分为内源融资和外源融资。内源融资是企业的内部资金转化为投资的过程，通常包括折旧及留存收益。外源融资是指企业从其他经济个体或机构筹集资金，有银行信贷、发行企业债券、发行股票等形式。外源融资一般分为直接融资和间接融资，直接融资包括发行债券、发行股票等，间接融资包括银行贷款等。在金融体系比较成熟的国家，根据现代资本结构理论，内源融资方式的成本最低，然后是债务融资，成本最高的是股权融资，因此企业一般会按照内源融资、债务融资、股权融资的融资顺序，这就是“啄食顺序理论”。以美国为例，美国的企业通过内源融资的方式占有很大的比例，在20世纪90年代就达到了92%，在外源融资的方式中，美国企业更青睐于债务融资，符合“啄食顺序理论”。由于不同国家的市场化程度差异较大，所以不同国家的企业所采用的方式也会不同。从我国的情况看，我国企业采用内源融资的方式比较少，而在外源融资的方式中，企业更倾向于采用股权融资。

对我国装备制造企业来说，融资方式的选择是企业必须面临的问题。目前我国装备制造企业融资的方式一般有内源融资、银行信贷、资本市场融资、政策性银行贷款等几种方式。

（1）内源融资。对于通过内源融资的企业来说，资金来自企业内部，融资成本较低，基本不受外界因素的制约，虽然很多装备制造企业是国有企业，政府有专项资金或在税收上有优惠政策，但无法满足企业发展的需要。此外，内源融资受到企业盈利水平和资产规模的影响，因此规模较小的公司和利润水平较低的企业单纯依赖内源融资很难使企业持续发展。

(2) 银行信贷。装备制造企业中很大一部分是国有企业或者国有控股企业，这些企业有较多的不良贷款。另外，装备制造行业利润率偏低甚至出现亏损，这种状况也使银行望而却步。对于资产规模较小的装备制造企业，由于银行贷款条件的限制，通过银行信贷的融资方式更加困难。即使部分装备制造企业可以从银行成功借款，但由于装备制造企业投资回报周期较长，除了要面对周转资金的巨大压力，还有面临偿还银行高额利息的负担。因此，无论是规模较大的装备制造企业，还是规模较小的企业，通过银行借款的融资方式都面临着许多困难。

(3) 政策性银行支持。当装备制造企业负债率较高时，没有足够的自有资金进行投资，而商业银行出于规避风险的考虑，可能会减少对装备制造企业的信贷。这时，作为配合国家经济政策的政策性银行，承担着支持我国重要行业发展的责任，便开始发挥了作用。我国的政策性银行包括国家开发银行、中国进出口银行和中国农业发展银行。国家开发银行对装备制造业的支持表现在放宽了贷款条件，对一些不太符合条件的企业也可能会提供贷款。2013 年，国家开发银行内蒙古分行向包头市装备制造业园区贷款逾 10 亿元，为 50 多家中小型装备制造企业提供融资需求，推动了当地装备制造基地的升级。2015 年，国家开发银行辽宁省分行向沈阳机床集团提供 100 亿元资金支持。这些都对我国装备制造业的发展起到了积极的促进作用。中国进出口银行也对我国装备制造业的发展进行了多方面的支持。在重型装备制造业方面，2015 年，太重集团获得中国进出口银行北京分行 100 亿元的授信。在海洋工程装备制造业方面，中国进出口银行加强对船舶制造企业和海洋工程装备企业的支持，截至 2013 年 6 月，中国进出口银行对海工装备制造企业的贷款金额达 82 亿元。中国进出口银行与挪威银行、北欧银行合作，为南通中远船务公司出口挪威的穿梭油轮提供 7200 万美元贷款。2014 年，中国进出口银行签订与装备制造业有关的合作项目 364 个，贷款金额超过 2000 亿元。在交通运输业方面，至 2015 年，南车资阳机车有限公司从中国进出口银行获得贷款 10 亿美元。和以往相比，支持幅度都有了大幅提高，支持手段也呈现多元化趋势。除了出口买方信贷和出口卖方信贷之外，中国进出口银行还通过对外承包工程贷款和出口基地信贷等方式来加强对装备制造业的支持力度。但是，装备制造企业众多，仅靠政策性银行无法解决行业的资金问题，并且，政策性银行并不具有国有企业改制和资产重组的投行功能，主要是通过贷款的形式为部分装备制造企业解决资金需求，距我国对装备制造业的发展目标还有一定的距离。

(4) 资本市场融资。与以上融资方式相比，融资租赁具有自身独特的优势。前面提到的几种融资方式，对企业的规模和资质都有较高的要求，而融资租赁的门槛相对较低，企业仅需要较少的资金便可以引进设备，并不需要一次性支付货款，减少了企业的现金流压力。

由于融资租赁兼有“融资”和“融物”的性质，这种方式非常适用于装备制造业。装备制造业所需的设备一般是生产设备的装备(工业“母机”)，比如数控机床、工业机器人等，或者是交通、能源、军工等行业所需要的技术装备，这些设备对性能和精准方面都有很高的要求。它们通常具有价格昂贵，生产周期长的特点。这时，使用融资租赁的优势便可以体现出来。一方面融资租赁可以为装备制造业企业节约一部分固定资产投资，这是因为通过融资租赁，企业只需要少量的资金便可以引入设备，从而获得设备的使用权和收益权。与购买相比，融资租赁可以为节约一部分购置资金。在引入设备之后，企业扩大生产，对原材料的需求便会增加，这样对流动资金的需求就会增加，企业可以将节约的资金补充到流动资金之中。另一方面，融资租赁可以为承租人节约一部分在设备购置期间产生的成本。这是因为融资租赁涉及两个合同，首先是出租人按照承租人选定的设备与供应商签署买卖合同，然后出租人与承租人签订租赁合同。供应商按照合同规定生产所需的设备通常需要数月的时间，而承租人在收到设备之后，融资租赁合同才开始生效。因此，在购置设备期间的成本转移到出租人身上。

就我国目前的情况看，对规模较大的企业来说，通过租赁融资的难度小于银行贷款。通常来说，商业银行中长期贷款很少针对某一个大型设备。另外，企业通过租赁融资的自筹资金比例小于银行信贷的自筹资金的比例，前者一般为10%，后者通常为30%。对于一些可以产生稳定现金流的资产，比如先进的医疗设备或高速公路等，融资租赁公司可以根据其产生的现金流重估资产价值，然后以售后回租的方式实现融资。对中型企业来说，流动资金贷款虽然是较有效的融资方式，但由于其贷款期限较短，很难将其用于购买设备，而中型企业向商业银行或其他金融机构长期借款的难度较大，因此租赁融资是一种较好的方式。通过租赁融资，企业可以将短期贷款转化为中长期负债。对于小微企业来说，由于其经营效益较差，实力较弱，很难从银行获得贷款，融资租赁则是解决小微企业融资的一条途径。在融资租赁交易中，租赁公司对租赁物具有所有权,因此对承租人在担保方面的要求偏低,甚至不要求提供担保,小微企业可以通过杠杆租赁的方式来对设备进行更新,进而提高企业的经营效率。

### 4.3.2 融资租赁可以促进装备制造业的销售

对于装备制造企业来说,有些客户确实需要设备来进行生产经营,但缺少足够的资金来购买设备。在这种情况下,制造厂商可以与融资租赁公司合作,由客户支付部分货款,其余的货款由融资租赁公司支付,然后客户按时向融资租赁公司支付租金,从而实现了多方共赢的局面。

在美国等发达国家,通过租赁促销已成为租赁行业的常用方式之一。在我国,装备制造企业通过租赁促销也常有这样两种形式:

(1) 厂商与控股的融资租赁子公司进行合作。首先厂商将设备销售给租赁子公司,然后租赁子公司将设备出租给承租人。比如说中联重科、三一重工、徐工集团等。

(2) 厂商与独立第三方融资租赁公司进行合作,通常是厂商将设备卖给租赁公司,然后租赁公司寻找客户,将设备租出。独立第三方融资租赁公司,包括商业银行或其他金融机构成立的租赁子公司,这类租赁公司主要投资大型设备或基础设施领域的项目,比如飞机、大型工程机械设备等。也偶尔投资一些规模较小但专业性较强的租赁公司。

# 第5章　融资租赁对装备制造业销售收入的影响

## 5.1　几种传统的信用销售工具及比较

正如前文介绍，装备制造企业的产品通常价格昂贵，很多客户并不具备全款购买的条件，在这种条件下，制造厂商若要将产品销售出去，便产生了信用销售的方式。所谓信用销售，是指企业为用户提供商业信用，在用户未付清货款的条件下将商品销售给用户。在目前的销售市场中，主要的信用销售工具包括分期付款、银行按揭销售以及融资租赁等方式。

**1. 分期付款**

分期付款指的是购买方向制造商或经销商支付一定比例的货款就可以获得设备的使用权，其余的货款以后按期支付，货款支付的金额以及时间均在合同里注明。对制造厂商来说，分期付款的方式占用了一部分资金，对现金流产生的压力比较大。

**2. 按揭销售方式**

装备制造行业的按揭销售与房地产业的按揭销售比较类似。首先厂商（或者经销商、代理商）与银行签订合作协议，购买者与销售方（厂商、经销商或代理商）签订设备购销合同，并按照一定比例交首付款。然后，销售方将购买者推荐到合作的银行进行贷款申请，贷款额度通常是设备金额与首付款的差额。银行要求设备购买方（贷款人）将购买的设备作为贷款的抵押，在办理完抵押手续后，银行发放贷款。购买方根据合同要求分期向银行偿还贷款。一般来说，银行要求销售方提供设备回购担保。在这个过程中，设备使用权归购买方，但在还清贷款之前，设备的所有权证是抵押给银行的。

在按揭销售的过程中，一般涉及三方当事人，即销售方、银行以及购买方。销售方与购买方存在购销合同关系，购买方与银行存在借贷合同关系，销售方与银行有回购担保的合同关系。三者的关系如图5.1。

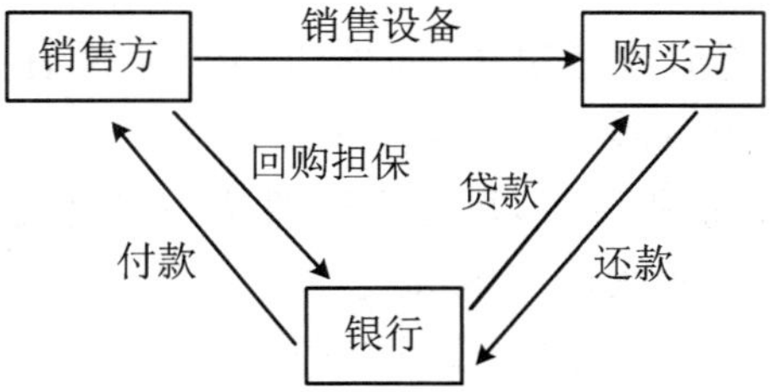


**图5.1　按揭销售方式关系图**

**3. 融资租赁销售模式**

前文已介绍,这里不再赘述。

这几种信用销售工具的优缺点如表5.1。

**表5.1　常用信用销售方式比较**

| | 分期付款 | 银行按揭 | 融资租赁 |
|---|---|---|---|
| **优点** | 1. 分期付款交易模式主要由销售方决定,自主性较高,付款方式比较灵活;<br>2. 厂商开展分期付款业务并不需要很大的前期投入 | 1. 销售方可以一次性收到设备销售款;<br>2. 银行的风险控制手段更专业 | 1. 承租人还本负担较轻;<br>2. 限制条款少,简化销售环节 |
| **缺点** | 1. 风险由销售商承担,与银行按揭相比,购买者恶意违约的概率可能性较高;<br>2. 销售商对风险控制的要求较高 | 1. 销售商容易受到银行等外部因素的影响;<br>2. 由于额外支付银行的利息,客户支付的费用较高 | 1. 资金成本比银行贷款高;<br>2. 风险因素较多 |

## 5.2　装备制造业信用销售动因分析:理论模型

笔者认为装备制造业是垄断竞争市场,这是因为:

(1) 该行业生产的产品非常接近,但是又有差别。具体来说,行业中不同生产商的产品有不同的特点,也就是说,每种产品都是唯一的,于是,生产商对自己生产的产品有一定的垄断,这导致该行业带有垄断的性质。通常来说,当不同企业的产品差异越大,生产商对产品价格的垄断程度也越高。然而,不同生产商的产品虽然有差别，但在某些程度上又有很高的替代性，比如不同厂商生产的挖掘机，虽然有差别，但一般情况下可以互相替代。换句话说，每个生产商都可能与其他生产商形成竞争关系，所以该行业又有竞争的性质。可以看出，装备制造业具有垄断与竞争的双重特征。

(2) 生产集团中的企业较多，每个生产商认为自己的决策对行业的影响不大，不会对竞争企业造成很大的影响和反应。

(3) 生产商可以自由进入或退出该行业。

本节在 Perloff 和 Salop(1985)、Chong 和 Yi(2011)的研究基础上讨论分析信用销售的动因，分为以下两种情形：

**1. 装备制造业的用户企业从银行贷款购买产品**

假设装备制造业中有 $L$ 个生产商，设装备制造业的用户有 $M$ 家企业。为了简便起见，我们采用 Chong 和 Yi(2011)的处理方法，将模型分为两个阶段。第一阶段是用户企业向银行贷款，若银行通过审核愿意向其贷款，相应的贷款利率为 $r$。第二阶段是用户到期后还款，这时可能出现两种情况：用户按时还款或违约。这里将按时还款的企业记为“安全”的企业 S，将未按时还款的企业记为“违约”的企业 D。虽然银行无法预测某家企业是否为“安全”的企业，但根据以往的交易情况，“安全”的企业所占的比例为 $\alpha$，“违约”的企业所占的比例为 $1-\alpha$。

记 $\delta$ 为企业的信用标准，设 $N_{\mathrm{S}}(\delta)$ 表示“安全”企业在其信用标准 $\delta$ 条件下的分布，本文假设其为正态分布，均值和方差分别为 $\mu_{\mathrm{S}}$ 和 $\sigma^2$；设 $N_{\mathrm{D}}(\delta)$ 表示“违约”企业在其信用标准 $\delta$ 条件下的分布，本文假设其为正态分布，均值和方差分别为 $\mu_{\mathrm{D}}$ 和 $\sigma^2$。一般来说，“安全”企业的均值大于“违约”企业的均值，$\mu_{\mathrm{S}}>\mu_{\mathrm{D}}$。

对于银行来说，是否贷款给企业取决于企业的信用标准是否高于银行要求的信用标准。若企业的信用标准 $\delta$ 高于银行要求的标准，则银行认为这家企业是“安全”的企业，愿意贷款给该企业；反之，若某企业的信用标准 $\delta$ 低于银行要求的标准，银行认为这家企业可能无法按时还款，是“违约”企业，无法为该企业提供贷款。可见，银行的贷款利率 $r$ 是用户企业信用标准 $\delta$ 的函数。若用户企业违约时，银行收回抵押物，相应的资产收益率记为 $\gamma$。记 $P(\mathrm{S}\mid\delta)$ 表示在信用标准 $\delta$ 下“安全”企业的概率，$P(\mathrm{D}\mid\delta)$ 表示在信用标准 $\delta$ 下的“违约”企业的概率，于是我们可以计算银行的单位期望收入：

$$
\begin{aligned}
e(\delta) &= P(\mathrm{S}\mid\delta)r(\delta)+P(\mathrm{D}\mid\delta)\gamma \\
&= P(\mathrm{S}\mid\delta)r(\delta)+(1-P(\mathrm{S}\mid\delta))\gamma
\end{aligned}
\tag{5.1}
$$

设银行贷款要求的企业信用标准为 $\delta_B$，则获得银行贷款的概率为

$$P(\delta_B) = \alpha(1 - N_s(\delta_B)) + (1 - \alpha)(1 - N_D(\delta_B)) \tag{5.2}$$

获得银行贷款企业的期望为

$$M_B = M \cdot P(\delta_B) \tag{5.3}$$

这意味着在 $M$ 个用户企业中只有 $M_B$ 个企业获得了贷款，然后向生产商购买产品。

设对于第 $j$ 个用户企业，选择第 $i$ 个生产商生产的产品来经营业务产生的现金流为 $w_{ij}$，于是 $w_j = (w_{1j}, w_{2j}, \cdots, w_{Lj})$，$j = 1,2,\cdots,M_B$。假设 $w_j(j = 1,2,\cdots,M_B)$是相互独立的，$F(w_j)$是 $w_j$ 的分布函数，$f(w_j)$是 $w_j$ 的概率密度函数。假定 $p = (p_1, \cdots, p_i, \cdots, p_L)$是 $L$ 个生产商的产品价格，每个用户企业都试图在购买产品之后最大化自己的现值：

$$\eta_{ij} = w_{ij} - p_i \tag{5.4}$$

其中，$p_i$ 是第 $i$ 个生产商的产品价格。

对于第 $j$ 个用户企业，若 $\eta_{ij} \geqslant \eta_{kj}$，即 $w_{kj} \leqslant p_k - p_i + w_{ij}$，则该企业会选择第 $i$ 个生产商生产的产品，其概率为

$$\begin{aligned} P(\eta_{ij} \geqslant \eta_{kj}) &= P(w_{kj} \leqslant p_k - p_i + w_{ij}) \\ &= F(p_k - p_i + w_{ij}) \end{aligned} \tag{5.5}$$

由于假设每个用户企业的现值为独立同分布，于是若企业购买第 $i$ 个生产商的产品，则需要满足

$$\eta_i \geqslant \max_{k \neq i} \eta_k \tag{5.6}$$

为了求其概率，首先计算

$$\begin{aligned} & f(\eta_i \geqslant \max_{k \neq i} \eta_k) \\ &= \int f(\eta_i \geqslant \max_{k \neq i} \eta_k, w_i) \mathrm{d}w_i \\ &= \int f(\eta_i \geqslant \max_{k \neq i} \eta_k \mid w_i) f(w_i) \mathrm{d}w_i \\ &= \int f(\eta_i \geqslant \eta_1, \cdots, \eta_i \geqslant \eta_{i-1}, \eta_i \geqslant \eta_{i+1}, \cdots, \eta_i \geqslant \eta_L \mid w_i) f(w_i) \mathrm{d}w_i \\ &= \int f(\eta_i \geqslant \eta_1 \mid w_i) \cdots f(\eta_i \geqslant \eta_{i-1} \mid w_i) f(\eta_i \geqslant \eta_{i+1} \mid w_i) \\ &\quad \cdot \cdots \cdot f(\eta_i \geqslant \eta_L \mid w_i) f(w_i) \mathrm{d}w_i \\ &= \int \prod_{k \neq i} f(\eta_i \geqslant \eta_k \mid w_i) f(w_i) \mathrm{d}w_i \end{aligned} \tag{5.7}$$

于是

$$
\begin{aligned}
P(\eta_i \geqslant \max_{k \neq i} \eta_k) &= \int f(\eta_i \geqslant \max_{k \neq i} \eta_k) \mathrm{d}\eta \\
&= \iint \prod_{k \neq i} f(\eta_i \geqslant \eta_k \mid w_i) f(w_i) \mathrm{d}w_i \mathrm{d}\eta \\
&= \int f(w_i) \int \prod_{k \neq i} f(\eta_i \geqslant \eta_k \mid w_i) \mathrm{d}\eta \mathrm{d}w_i \\
&= \int f(w_i) \prod_{k \neq i} P(\eta_i \geqslant \eta_k \mid w_i) \mathrm{d}w_i \\
&= \int \prod_{k \neq i} F(p_k - p_i + w_{ij}) f(w_i) \mathrm{d}w_i \qquad (5.8)
\end{aligned}
$$

由此我们求出用户企业对产品 $i$ 的需求量

$$
\begin{aligned}
D_i(p_1, \cdots, p_i, \cdots, p_L) &= M \cdot P(\eta_i \geqslant \max_{k \neq i} \eta_k) \\
&= M \cdot \int \prod_{k \neq i} F(p_k - p_i + w_{ij}) f(w_i) \mathrm{d}w_i \qquad (5.9)
\end{aligned}
$$

于是，第 $i$ 个生产商的期望收入为

$$
E_i(p_1, \cdots, p_i, \cdots, p_L) = p_i D_i(p_1, \cdots, p_i, \cdots, p_L) \qquad (5.10)
$$

**2. 银行信贷与厂商租赁并存**

用户企业从银行获得贷款，然后向生产商购买设备，生产商可以从中获得利润。若生产商为了获得更多利润，可以将设备以信用销售的形式销售给那些无法从银行获得贷款的企业。设生产商在融资租赁业务中对企业信用标准的要求是 $\delta_C$，显然，若生产商为了获得更多的利润，其设定的信用标准 $\delta_C$ 一定小于银行贷款设定的信用标准 $\delta_B$。另设银行贷款的利率上限为 $\hat{r}$。我们可以知道，生产商愿意提供融资租赁的企业的信用标准 $\delta_C \leqslant \delta < \delta_B$。另外，设生产商每单位收取的风险溢价为 $\lambda$，$0 < \lambda < 1$，本文假设 $\lambda$ 为外生变量，且生产商对每个用户企业收取的风险溢价均相同。

一般来说，当用户企业的信用标准 $\delta$ 满足 $\delta \geqslant \delta_B$ 时，企业选择向银行贷款；当用户企业的信用标准 $\delta$ 满足 $\delta_C \leqslant \delta < \delta_B$，企业选择向厂商租赁。在厂商租赁的方式中，用户违约的概率为(Chong, Yi, 2011)

$$
P(\delta_C, \delta_B) = \frac{(1-\alpha)(N_D(\delta_B) - N_D(\delta_C))}{\alpha(N_s(\delta_B) - (N_s(\delta_C)) + (1-\alpha)(N_D(\delta_B) - N_D(\delta_C))} \qquad (5.11)
$$

于是，我们可以计算出在生产商促销时，厂商的单位平均收入

$$
e(\delta_C) = (1 - P(\delta_C, \delta_B))\hat{r} - P(\delta_C, \delta_B)\gamma + \lambda \qquad (5.12)
$$

所以，第 $i$ 个生产商的收入为

$$\widetilde{E}_i(\delta_C) = E_i + (P(\delta_C) - P(\delta_B))e(\delta_C)D_c \tag{5.13}$$

其中，$D_c$表示对产品 $i$ 的需求量。

由于银行贷款对用户企业的信用标准 $\delta_B$ 高于厂商促销对用户企业的信用标准 $\delta_C$，所以

$$\begin{aligned} P(\delta_C) - P(\delta_B) &= [\alpha(1 - N_s(\delta_C)) + (1 - \alpha)(1 - N_D(\delta_C))] \\ &\quad - [\alpha(1 - N_s(\delta_B)) + (1 - \alpha)(1 - N_D(\delta_B))] \\ &= \alpha(N_s(\delta_B) - N_s(\delta_C)) + (1 - \alpha)(N_D(\delta_B) - N_D(\delta_C)) \\ &> 0 \end{aligned} \tag{5.14}$$

所以可以得到

$$\widetilde{E}_i(\delta_C) > E_i \tag{5.15}$$

通过比较，我们可以看出，当生产商采用信用销售促销产品时，可以获得更多的收入，这也是生产商愿意采用信用销售的原因。

根据以上的分析，我们提出假设：

**假设1**：对装备制造企业来说，融资租赁对装备制造企业的销售收入有正向的影响。

## 5.3　现行会计准则下销售收入的确认条件

对企业来说，当出现现金流的流入并认定其满足了收入的性质时，能否确认销售收入及入账时间、金额大小，这就需要涉及企业销售收入的确认条件。根据《企业会计准则——收入》的有关条款，若商品[①]销售收入予以确认，须同时满足以下条件：

(1) 企业将与商品的所有权有关的主要风险、报酬等转移给了购买商品的一方。这里的风险主要指商品可能出现的减值损失，以及由于主观或客观原因在销售之后或运输途中商品受到损坏而导致的损失，而报酬主要指商品可能发生的升值或者通过商品用于生产等经营活动所产生的收益。

根据会计准则的规定，判断商品所有权有关的风险与报酬是否转移给了购

---

① 商品主要包括为销售而生产的产品和为转售而购进的商品，如工业企业生产的产品、商品企业购进的商品等；企业销售的其他存货，如原材料、包装物等，也视同企业的商品。

买商品的一方，不应关注交易的形式，而应关注交易的实质，并结合实物的移交以及所有权证的转移进行综合判断。如果出现的损失与商品所有权有关，但不应由销售商品的一方承担责任，收益也不应由销售方收取，则说明主要风险与报酬发生了转移。

通常来说，在实物交付后，商品所有权的风险与报酬也相应转移到了购买的一方，比如大多数零售商品，以分期付款形式销售的商品以及通过预收款方式销售的商品等。有些情况下，如实物尚未移交时所有权证已经转移，此时与商品所有权有关的主要风险已经转移，但作为销售方的企业保留了次要的风险和报酬，比如通过交款后提货的方式进行销售的商品等。在这种情况下，我们可以认为所有风险和报酬均已转移。然而，在另一些情况下，虽然商品已经移交，但有关的主要风险和报酬并未相应转移到购买商品的一方。比如，当销售的商品存在质量或性能等问题、商品不符合销售合同条款时，企业仍须对商品承担责任；或者当商品的安装是销售合同的重要条款，而企业未完成商品的安装时，企业仍然对商品负有责任；亦或者当企业采用委托代理销售的方式销售商品时，企业能否取得商品销售收入，还取决于购买商品的一方能否将商品销售出去；再或者双方的销售合同中存在退货条款的。

(2) 作为销售一方的企业不拥有对已售商品继续管理的权力，也没有对商品进行控制的权力。通常来说，企业在销售商品之后不再拥有对该商品继续管理的权力，则说明销售方企业已经将主要风险和报酬转移到了购买方，在商品销售时即可确认销售收入，但在有些情况下，企业在商品销售之后仍有继续管理的权力。比如，某房地产开发公司将房子销售出去后，继续对该小区提供物业管理服务，这种继续管理有可能与商品的所有权有关，也可能无关；若与房子产权无关，则不会影响该房地产企业收入的确认。再比如，对于装备制造企业的某些产品，无论是在生产过程中，还是在使用过程中，都具有较强的专有性，生产厂商将产品销售之后，很可能继续提供维修保养等服务。某些情况下，企业在商品销售之后仍对商品具有控制权。比如对于融资租赁形式中的售后回租模式，甲公司将自己的设备或其他商品卖给乙公司，接着租回，在这种情况下，销售并未成立，企业不应该确认该设备或其他商品的销售收入。

(3) 收入的金额能够可靠的计量。这里能够可靠的计量是指对拟出售的商品能够进行较恰当的估值，如果商品的收入不能被恰当的估计，则无法对收入进行确认。一般来说，当某单位或个人决定购买商品时，该商品的价格已经确定，销售方企业可以按照双方的约定价格或签订的合同或协定条款确认收入的多少。如果销售合同或协议涉及某些折扣，比如现金折扣或销售折让等，则销售方企业在确认收入时应当考虑到这些条款。如果购买方延迟向销售方支付合同或协议的商品金额,并且商品带有一定的融资特性(比如分期付款销售的商品),销售方企业应按照商品的公允价值来确定收入。若购买方支付的商品金额并非公允交易价格,则在合同或协议有效期内,应根据摊余成本及摊销金额大小,冲销部分财务费用。

在一些情况下,由于某些不确定因素的存在,商品的销售余额也存在着变化的可能。在这种情况下,在新的销售价格确定之前,即使销售方企业收到购买方的价款,也不可以对收入进行确认,应将其视为预收账款。当新的销售价格确定之后,企业应按照预收账款商品销售的条款对收入进行确认。当销售合同或协议存在着商品退回的条款时,如果销售方无法估计该商品被退回的可能性,则在商品销售时不应确认,而应在合同退回期满后根据商品是否被退回来确认收入。例如,甲公司委托乙公司进行某设备的代销,合同规定乙公司将来可以将未售出的设备退还甲公司。在这种情况下,甲公司应在乙公司退还未销售的设备之后确认销售收入。

(4) 有关的经济利益可能流入企业。这里,经济利益可能流入企业,是指销售方在商品销售之后收回货款的可能性要大于不能收回货款的可能性(一般收回货款的可能性要高于50%)。在确认商品货款收回的可能性问题上,销售方企业应结合以往与购买方的交易情况,如购买方所在国相关政策以及其他相关信息来进行综合判断。

一般来说,企业销售的商品不存在质量等问题时,只要符合销售合同中的商品要求,企业将发票交给购买方,且购买方同意支付商品货款后,即意味着销售方收回货款的可能性较大。如果销售方根据以往交易情况判断购买方存在信用不良问题,或者在商品销售时购买方公司由于经营或管理出现重大问题导致巨额亏损,以至于现金流不足无法偿还货款;或者由于购买方所在国的政策限制无法将货款汇出等,以上情况可能会出现商品有关的收入不流入企业的可能性,不可以确认销售收入。例如,甲公司将一大型设备销售给乙公司,但乙公司由于经营不善出现了亏损,暂时无法向甲公司支付货款,满足适当的条件后甲公司可以将其确认为应收债权,如果乙公司仍无法支付货款,甲公司面临无法收回债权的处境,则在这种情况下,甲公司应将应收债权计提坏账。

(5) 与商品有关的已经发生或即将发生的成本能够可靠的计量。依据收入和成本相匹配的原则,企业销售商品有关的收入应与获得该收入所对应的成本相匹配。如果企业销售的商品是由企业自主生产,比如大型设备供应商,可以根据产品的制造成本、运输成本以及其他有关信息计算;如果企业销售的商品并非自己生产，而是从其他供应商处购买，则可以根据商品的购置成本来进行计量。如果与商品有关的已发生或即将发生的成本不能恰当的计量，企业在这种情况下则无法确认商品的销售收入，如果此时企业已收到部分或者全部货款，应确认为一项负债。比如，甲公司与乙公司签订销售合同，合同规定甲公司向乙公司出售一台高端设备。由于甲公司生产技术和能力所限，设备的部分零件无法生产，于是甲公司与丙公司签订一项生产零件的供销合同。甲公司在收到丙公司生产的零件后进行组装，将设备出售给乙公司。如果乙公司在设备接收以后按合同条款向甲公司支付了货款，但丙公司此时还没有将其生产的零件有关的成本材料交给甲公司验收。在这种情况下，甲公司由于存在不能计量的与商品有关的成本，所以此时甲公司不能确认收入。

根据以上的介绍，我们可以看到，要确认商品销售收入，一方面是对与商品经济利益有关的成本和收入进行计量，另一方面是商品的风险与报酬进行转移。对于装备制造企业来说，销售的产品一般是制造企业自身生产，以比较公平的商品价格进行交易。然而，装备制造企业的销售模式较多，尤其是涉及前文提到的分期付款、按揭销售、融资租赁等，交易当事人除了销售方和购买方之外，还可能存在第三方，比如商业银行、融资租赁公司或者保险公司等，与商品所有权有关的风险与报酬是否转移因不同的交易模式而不同，因此在确认收入问题上要具体分析。

## 5.4 融资租赁方式的收入确认

### 5.4.1 出租人的会计处理方式

在租赁开始之初，出租人将最低租赁收款额作为应收融资租赁款，并记录未担保余值大小(如果有的话)，同时确认未实现融资收益。未实现融资收益等于最低租赁收款额与未担保余值之和减去该两者之和现值的差额。会计处理为，出租人将最低租赁收款额借记为“长期应收款——应收融资租赁款”科目，未担保余值借记为“未担保余值”。

**1. 未实现融资收益的会计处理**

根据会计准则的规定，出租人按照实际利率法，或者按照直线法和年数总和法（如果结果与实际利率法差别不大）来计算每一期分配的融资收益。若每期未实现融资收益等于某期长期应收款的期初余额与未实现融资收益期初余额的差乘以租赁内含利率，则出租人将每期收到的租金收入借记为“银行存款”，贷记为“长期应收款——应收融资租赁款”科目；出租人每期确认的融资租赁收入，借记为“递延收益——未实现融资收益”，贷记为“主营业务收入——融资收入”。若某个支付期未按期收到租金，不应确认收入，直到收到租金时，才可以确认为当期收入。

**2．未担保余值变动时的会计处理**

因为未担保余值直接影响到租赁内含利率，从而影响到未实现融资收益的分摊，所以出租人应定期对未担保收益进行核查。当出租人发现未担保余值已经减少时，应重新计算租赁内含利率，并将当期减少的租赁投资净额[①]大小确认为当期损失。当已经确认损失得以恢复时，仍需要重新计算租赁内含利率。当出租人发现未担保余值增加时，则不需要重新计算。会计处理为，将未担保余值的可回收金额小于账面价值的差值，借记为“资产减值损失”，贷记为“未担保余值减值准备”科目；同时将减值金额与租赁投资净额减小额的差值，借记为“未实现融资收益”，贷记为“资产减值损失”。如果出租人未担保余值已确认的损失在若干期之后得以恢复的，将未担保余值恢复的金额借记为“未担保余值减值准备”，贷记为“资产减值损失”；将原减值额的大小与租赁投资净额增加额的差值，借记为“资产减值损失”，贷记为“未实现融资收益”。

**3．或有租金的会计处理**

一般来说，只有当或有租金发生时，才将其确认为当期的收入。会计处理，借记为“应收账款”，贷记为“租赁收入”。

**4．租赁期末的会计处理**

根据融资租赁的定义，标的资产的所有权在期末存在转移和不转移的可能性。因此在租赁期末如何进行会计处理要根据租赁资产的具体处置情况来分析。

(1) 承租人向出租人交还标的资产。这里，根据是否存在担保余值和未担保余值[②]分为以下四种情况：

---

① 租赁投资净额指融资租赁最低租赁收款额与未担保余值之和与未实现融资收益之间的差额。

② 担保余值是指由承租人或与其有关的第三方担保的资产余值；未担保余值是指租赁资产余值中扣除就出租人而言的担保余值以后的资产余值。

① 担保余值存在，但未担保余值不存在。在这种情况下，当出租人收到租赁资产时，借记为“融资租赁资产”，贷记为“长期应收款——担保余值”。

② 担保余值和未担保余值皆存在。在这种情况下，当出租人收到租赁资产时，借记为“融资租赁资产”，贷记为“长期应收款——担保余值”科目及“未担保余值”科目。如果租赁资产回收时其价值减去未担保余值时小于担保余值，则出租人应向承租人收取相应补偿，借记为“其他应收款”科目，贷记为“营业外收入”科目。

③ 未担保余值存在，但担保余值不存在。当出租人收到租赁资产时，借记为“融资租赁资产”，贷记为“未担保余值”。

④ 担保余值和未担保余值都不存在。当出租人收到租赁资产时，出租人不必进行会计处理，只需做好登记。

(2) 承租人续租标的资产。若承租人行使优惠续租权，则认为融资租赁业务一直存在并依据规定作相应的会计处理。

(3) 承租人留购标的资产。若租赁期末，承租人行使优惠购买权，出租人应按照承租人支付的标的资产的货款，借记为“银行存款”，贷记为“长期应收款”。

### 5.4.2 承租人的会计处理方式

**1. 租赁期初的会计处理**

在租赁期初，承租人对最低租赁付款额和租赁资产公允价值做比较，将两者之中较小者作为租入资产入账价值，将最低租赁付款额作为长期应付款入账，同时确定未确认的融资费用，未确认的融资费用等于最低租赁付款额和租赁资产公允价值之差。会计处理，借记为“固定资产——融资租入固定资产”科目、“未确认融资费用”科目，贷记为“长期应付款——应付融资租赁款”科目。

**2. 初始直接费用的会计处理**

这里初始直接费用一般指在承租人与出租人签订融资租赁合同的过程中，支出的手续费、律师费、差旅费等，通常计入融资租入固定资产价值，会计处理为，借记“固定资产——融资租入固定资产(初始直接费用)”科目，贷记“银行存款”科目。

**3. 未确认融资费用的分摊处理**

未确认融资费用的分摊额等于每期的长期应付款期初余额减去未确认融资费用的期初余额的差额再乘以实际利率。会计处理为，借记“财务费用”，贷记“未确认融资费用”。

**4. 租赁资产折旧计提的处理**

当不存在担保余值时,计提折旧总额就等于融资租入固定资产的入账价值,若存在担保余值时,计提折旧总额等于融资租入固定资产的入账价值减去担保余值。同企业自身的资产一样,折旧的方法一般有年限平均法、工作量法等。在折旧期限的确认问题上,应根据租赁合同的具体条款来确定。如果认为租赁期末承租人将以象征性的价格取得租赁物的所有权,则可以认为承租人占有该资产的全部寿命,将租赁期初该资产的寿命确认为折旧期限;若无法确定租赁期末承租人是否购买租赁资产,则将该资产的寿命和租赁期时间较短的确认为折旧期限。会计处理为,借记“制造费用”科目,贷记“累计折旧”科目。

**5. 租赁期末的会计处理**

在租赁期末时,承租人对租赁标的物的会计处理分为以下几种情况:

(1) 承租人将租赁资产返还给出租人。在这种情况下,若存在承租人担保余值,相应的会计处理为,借记“累计折旧”科目、“长期应付款——应付融资租赁款”科目,贷记“固定资产——融资租入固定资产”科目;若不存在承租人担保余值,相应的会计处理为,借记“累计折旧”科目,贷记“固定资产——融资租入固定资产”科目。

(2) 承租人优惠续租。当承租人行使继续租赁该资产的权力,则认为租赁业务继续存在,相应的会计处理与租赁期间相同。如果承租人没有按照合同的条款继续租入该资产,则承租人需按照合同要求向出租人缴纳违约金,相应的会计处理为,借记“营业外支出”科目,贷记“银行存款”科目。

(3) 承租人留购租赁资产。当承租人决定以象征性的价格购买租赁资产时,在向出租人支付货款时,相应的会计处理为,借记“长期应付款——应付融资租赁款”科目,贷记“银行存款”科目,同时结转固定资产所有权,将该固定资产从“融资租入固定资产”科目转入其他明细,相应的会计处理为,借记“固定资产——生产用固定资产”科目,贷记“固定资产——融资租入固定资产”科目。

### 5.4.3　制造厂商的会计处理

当制造厂商与融资租赁公司签订销售合同或协议,并按照合同或协议要求将商品(一般是设备)交付后,与商品所有权有关的主要风险和收益权已经转移到购买的一方,即融资租赁公司。根据前文的内容,制造厂商符合销售收入的确认条件,可以进行确认。会计处理为,借记“银行存款”或“应收账款”,贷记为

“主营业务收入”。融资租赁公司将商品出租给承租方企业，在租赁的有效期内，按时收取租金，并根据租赁内含利率来计算每期的租赁收入。

但是，融资租赁公司和制造厂商并不完全是独立的个体。就我国装备制造企业开展融资租赁的情况看，一种是制造厂商成立融资租赁公司，比如中联重科、三一重工、徐工、柳工等；一种是制造厂商与第三方融资租赁公司合作。从融资租赁销售额来看，厂商租赁占比较高。对于后者的业务模式来说，当制造厂商向融资租赁公司交付设备后，与设备有关的风险和报酬已经转移，可以确认收入。但对于厂商租赁业务模式来说，制造厂商将产品销售给融资租赁公司，产品只是在公司内部流通，与产品有关的风险和报酬也没有随着产品的销售而转移。

## 5.5 融资租赁对装备制造业销售收入影响的实证分析

根据现有的研究，研发投入、销售费用、盈利能力对制造行业的销售收入有非常明显的影响（Simanjuntak，Tjandrawinata，2011；Prag，Casauant，1994）。此外，销售方式对收入也有着重要的影响，本节主要探讨融资租赁这种方式对装备制造企业销售收入的影响。

### 5.5.1 样本选择和数据来源

笔者选取我国 A 股装备制造业上市公司为样本，样本区间为 2008—2014 年，有效样本为 4354 个。

样本数据包括融资租赁、销售收入、研发投入、盈利能力等变量，主要数据来源为 Wind 资讯和 CSMAR 数据库。由于企业融资租赁数据在数据库中无法获得，笔者下载了样本公司的年报，从年报的附注中收集相应的融资租赁数据。实证研究使用软件 Stata 12。

### 5.5.2 变量选择与模型建立

被解释变量：销售收入，本书用营业收入来代替。

解释变量主要包括融资租赁、销售费用、研发投入、盈利能力、工业增加值、公司规模。

对于装备制造企业来说，产品研发对企业的收入起着非常重要的作用，可以说产品研发是其生存的基石。企业通过研发，一方面可以将企业内部的资源进行更合理的配置，另一方面，企业可以掌握一些新的技术并应用于生产，这样可以制造出质量较好、技术含量较高的产品，从而提高企业的竞争力，以及企业的创新能力（Chen，Chang，2010）。随着生产能力的增加，企业的收入也会随之增加。

销售支出对企业的收入也有显著的影响。虽然销售初期会增加企业的支出，但企业的盈利能力也会随之增加（Kundu et al.，2008）。这是因为用户会受到企业营销活动的影响。

盈利能力对收入的影响也很明显。一般来说，利润是研发投入的来源，进而影响企业的收入。Simanjuntak 和 Tjandrawinata（2011）通过实证研究发现，利润的滞后一阶对企业收入有显著的正向影响。

工业增加值是工业企业在某个报告期内生产过程中新增加的价值，反映了生产部门对国民生产总值的贡献。于是，某行业工业增加值可以反映出企业的投入产出及经济效益等情况，也可以为工业企业的生产经营提供参考。

变量名称、符号及定义如表 5.2。

**表 5.2　变量名称、符号及定义**

| 变量名称 | 变量符号 | 变　量　定　义 |
|---|---|---|
| 销售收入 | REV | 公司的营业收入/总资产 |
| 融资租赁 | LS | 有融资租赁方式，用 1 表示；<br>没有融资租赁方式，用 0 表示 |
| 销售费用 | SALEEX | 公司的销售费用/总资产 |
| 研发投入 | RD | 公司的研发费用/总资产 |
| 盈利能力 | LPROFIT | 利润的滞后一阶/总资产 |
| 工业增加值 | AV | 行业的工业增加值增速 |
| 公司规模 | SIZE | 公司总资产（元）的对数 |

建立如下模型：

$$\mathrm{REV}_{it} = \beta_0 + \beta_1 \mathrm{LS}_{it} + \beta_2 \mathrm{SALEEX}_{it} + \beta_3 \mathrm{RD}_{it} + \beta_4 \mathrm{LPROFIT}_{it} + \beta_5 \mathrm{AV}_{it} + \beta_6 \mathrm{SIZE}_{it} + v_t + \varepsilon \tag{5.16}$$

### 5.5.3 描述性统计

表 5.3 是变量的描述性统计。

**表 5.3 变量的描述性统计**

| 变量符号 | 平均值 | 中位数 | 标准差 | 最小值 | 最大值 |
|---|---|---|---|---|---|
| REV | 0.6446 | 0.5592 | 0.3761 | 0.0011 | 4.1187 |
| LS | 0.0276 | 0 | 0.1637 | 0 | 1 |
| SALEEX | 0.0371 | 0.0274 | 0.0384 | 0 | 0.4324 |
| RD | 0.0204 | 0.0178 | 0.0173 | 0 | 0.2261 |
| LPROFIT | 0.0377 | 0.0399 | 0.0878 | -2.7474 | 0.6134 |
| AV | 12.5755 | 12 | 4.1088 | 4.6 | 21.7 |
| SIZE | 21.5340 | 21.4026 | 1.1771 | 16.7037 | 26.7512 |

销售收入变量。REV 最小值为 0.0011,最大值为 4.1187,可见装备制造业中企业的销售收入差异很大。REV 的平均值为 0.6446,中位数为 0.5592,说明装备制造业中销售收入低于平均值的企业较多。

融资租赁变量。从表 5.3 中可以看出,融资租赁变量(LS)均值为 0.0276,中位数为 0,标准差为 0.1637,平均水平偏低,可见装备制造业中使用厂商租赁进行销售的企业所占比例并不高。表 5.4 是具体行业融资租赁变量的描述性统计,可以看到,金属制品业、汽车制造业、专用设备制造业、铁路、船舶、航空航天和其他运输设备制造业使用融资租赁的比例高于平均值,专用设备制造业最高,达 0.0532,铁路、船舶、航空航天和其他运输设备制造业次之,为 0.0526。电气机械和器材制造业、计算机、通信和其他电子设备制造业、通用设备制造业、仪器仪表制造业使用融资租赁的比例低于平均值,其中电气机械和器材制造业最低,为 0.0144,计算机通信和其他电子设备制造业次之,为 0.0159。

销售费用变量。SALEEX 的标准差为 0.0384,最小值为 0,最大值为 0.4324,说明不同的企业对销售费用的支出有很大的不同。这是因为不同的企业生产的产品不同,相应的营销方式、营销渠道有很大的差异,与之相对应的销售费用也就会有很大的差异。销售费用的平均值为 0.0371,中位数 0.0274,可见超过一半的企业支出的销售费用在平均值以下。

表 5.4　融资租赁分行业的描述性统计

| 行　业 | 平 均 值 | 标 准 差 | 最 小 值 | 最 大 值 |
| --- | --- | --- | --- | --- |
| 行业 0 | 0.0144 | 0.1194 | 0 | 1 |
| 行业 1 | 0.0159 | 0.1250 | 0 | 1 |
| 行业 2 | 0.0360 | 0.1868 | 0 | 1 |
| 行业 3 | 0.0404 | 0.1972 | 0 | 1 |
| 行业 4 | 0.0526 | 0.2238 | 0 | 1 |
| 行业 5 | 0.0184 | 0.1346 | 0 | 1 |
| 行业 6 | 0.0261 | 0.1601 | 0 | 1 |
| 行业 7 | 0.0532 | 0.2245 | 0 | 1 |

注：行业 0～7 分别指电气机械和器材制造业，计算机、通信和其他电子设备制造业，金属制品业，汽车制造业，铁路、船舶、航空航天和其他运输设备制造业，通用设备制造业，仪器仪表制造业，专用设备制造业。

研发投入变量。RD 平均值为 0.0204，最小值为 0，最大值为 0.2261，可见不同企业的研发投入差异较大，这是因为研发投入主要来自公司的盈利，而公司盈利能力不同，相应的研发投入也会有很大的不同。

盈利能力变量。LPROFIT 平均值为 0.0377，最小值为 −2.7474，最大值为 0.6134，标准差为 0.0878，说明装备制造业不同企业的利润有很大的差异。这是因为公司规模差异很大，盈利能力也有很大的差异。

工业增加值变量。AV 平均值 12.5755，最小值为 4.6，最大值为 21.7，标准差为 4.1088，可见装备制造业不同行业的发展情况有很大的差异。其中专用设备制造业、通用设备制造业工业增加值增速较高，铁路、船舶、航空航天和其他运输设备制造业的工业增加值增速逐步提高，说明我国近几年对运输设备制造业的投入是逐年增加的。

公司规模变量。SIZE 标准差为 1.1771，最小值为 16.7037，最大值为 26.7512，说明装备制造业不同行业的企业规模有很大的差异。

### 5.5.4　相关性检验

这里采用相关系数矩阵来检验变量之间是否存在多重共线性，表 5.5 是变量的相关性检验，从表中可以看出，公司规模（SIZE）和融资租赁（LS）相关系数最高，为 0.2279，其次为研发投入（RD）与销售费用（SALEEX）的相关系数，为

0.2050。变量之间并不存在高度相关性。

**表 5.5 变量的相关性检验**

| 变量符号 | LS | SALEEX | RD | LPROFIT | AV | SIZE |
|---|---|---|---|---|---|---|
| LS | 1.0000 | | | | | |
| SALEEX | 0.0236 | 1.0000 | | | | |
| RD | 0.0014 | 0.2050 | 1.0000 | | | |
| LPROFIT | 0.0228 | 0.0152 | 0.1064 | 1.0000 | | |
| AV | −0.0336 | 0.0211 | −0.1233 | 0.1027 | 1.0000 | |
| SIZE | 0.2279 | 0.0646 | −0.0280 | 0.0415 | −0.0628 | 1.0000 |

## 5.5.5 回归结果分析

表 5.6 是模型的回归结果，从表中可以看出，在总体样本中，LS(融资租赁)对 REV(销售收入)的影响为正，且在 1%的显著性水平下通过了检验，使用融资租赁的企业收入比未使用融资租赁的企业高 0.805%，可见融资租赁是一种非常有效的信用销售工具，验证了假设 1(详见本书 5.2 节末)。这是因为：

**表 5.6 回归结果**

| 变量符号 | (全部行业) REV | (行业 0) REV | (行业 1) REV | (行业 2) REV | (行业 3) REV | (行业 4) REV |
|---|---|---|---|---|---|---|
| LS | 0.805*** (3.50) | −0.358* (−1.97) | 1.426*** (4.96) | −0.791 (−0.37) | 0.701 (0.36) | 2.631** (2.29) |
| SALEEX | 0.343*** (2.80) | 0.138 (1.40) | 0.134 (1.25) | 0.433 (0.44) | 4.478* (1.68) | 1.870 (1.64) |
| RD | 1.925* (1.73) | 1.253** (2.03) | 1.669 (1.40) | 7.458 (1.35) | −19.17 (−0.92) | 41.39* (1.85) |
| LPROFIT | 2.534*** (2.88) | 0.633 (1.05) | 2.247*** (2.68) | 7.742 (1.43) | 14.71 (0.90) | 1.936 (0.29) |
| AV | 0.0614*** (4.59) | −0.00435 (−0.33) | 0.0263** (2.52) | 0.172** (2.25) | 0.127 (0.89) | −0.0172 (−0.27) |
| SIZE | 0.878*** (5.56) | 0.882*** (7.56) | 0.648*** (4.83) | 3.711*** (3.09) | −0.971 (−0.40) | 2.631** (2.72) |

**续表**

| 变量符号 | (全部行业) REV | (行业 0) REV | (行业 1) REV | (行业 2) REV | (行业 3) REV | (行业 4) REV |
|---|---|---|---|---|---|---|
| _cons | −27.70*** (−8.87) | −21.69*** (−9.59) | −18.63*** (−6.80) | −101.4*** (−4.37) | −54.12 (−0.81) | −123.6*** (−3.93) |
| 年度 | 控制 | 控制 | 控制 | 控制 | 控制 | 控制 |
| $R^2$ | 0.2668 | 0.3293 | 0.2877 | 0.3298 | 0.1063 | 0.5579 |
| *N* | 2681 | 602 | 753 | 161 | 196 | 69 |

| 变量符号 | (行业 5) REV | (行业 6) REV | (行业 7) REV | (不存在外资) REV | (存在外资) REV |
|---|---|---|---|---|---|
| LS | 1.307*** (5.93) | −0.0402 (−0.50) | 0.187 (0.53) | 0.773*** (3.06) | 0.993** (2.51) |
| SALEEX | 0.436*** (3.22) | 0.0668 (1.09) | 0.298 (1.43) | 0.307** (2.31) | −0.180 (−0.72) |
| RD | −2.032 (−1.42) | −0.415 (−0.24) | 1.337 (0.67) | 1.913 (1.61) | −1.024 (−0.43) |
| LPROFIT | 2.102** (2.44) | 0.394 (0.83) | 2.945* (1.69) | 2.343** (2.47) | 2.305 (1.46) |
| AV | 0.0123 (1.04) | −0.00325 (−0.54) | 0.0236 (0.85) | 0.0646*** (4.53) | 0.0163 (0.59) |
| SIZE | 0.191 (0.95) | 0.121 (1.64) | 1.490*** (4.78) | 0.825*** (4.87) | 2.352*** (6.03) |
| _cons | −10.90** (−2.54) | −3.341 (−1.59) | −39.89*** (−7.63) | −25.79*** (−7.63) | −47.50*** (−6.92) |
| 年度 | 控制 | 控制 | 控制 | 控制 | 控制 |
| $R^2$ | 0.2730 | 0.4659 | 0.2862 | 0.2703 | 0.4090 |
| *N* | 372 | 68 | 460 | 2475 | 206 |

注：括号内表示 $t$ 统计量，* $p<0.10$，** $p<0.05$，*** $p<0.01$。

(1) 对于那些处在推广新技术或新产品的厂商来说，通过采用融资租赁的方式，比如分成租赁，将设备以租代售的方式移交给承租人使用，这样可以降低承租人的初始成本，即降低承租人引进设备的门槛，对提高产品的竞争力与市场份额有一定的优势，进而促进产品的销售。

(2) 设备制造厂商为了销售产品，通常要与分销商进行合作，但国内制造厂商的销售渠道管理并不理想。另外,很多经销商规模并不大,若长期无法按时收回货款,将对与制造厂商的合作产生影响。通过与融资租赁公司的合作,分销商缓解了资金不足的情况,在制造厂商一方可以有较好的信用情况,融资租赁促进了分销商对厂商的依赖,从而推动设备在市场中的份额。

**1. 销售费用**

回归结果显示,SALEEX(销售费用)对 REV(销售收入)的影响为正,且在1%的显著性水平下拒绝原假设,当销售费用变动 1%时,收入增加 0.343%,说明对装备制造企业来说,销售费用促进收入的增加。这是因为:

(1) 一般来说,装备制造企业设有销售部门,通过销售部门来建立营销渠道,销售费用的投入可以使企业的销售体系运转良好。当销售体系逐渐健全,企业可以销售更多的产品,销售收入也随之提高。

(2) 作为销售费用的一部分,广告费用的投入可以使更多的客户了解到产品的价格、质量以及与产品有关的各种服务,从而引起客户购买的兴趣。当越来越多的客户愿意购买产品时,企业的销售规模便逐渐扩大,从而提高企业的销售收入(Simanjuntak,Tjandrawinata,2011)。Andras 和 Srinvasan(2003)研究发现,在 20 世纪 70 年代,广告费用高的企业通常有较高的收入。Kundu 等(2008)通过研究得出结论,收入高的企业,其广告费支出也很高。

**2. 研发投入**

从回归结果看,REV(研发投入)对 RD(销售收入)的影响为正,且在 10%的显著性水平下通过了检验,当研发投入变动 1 个单位时,收入变动 1.925%,说明装备制造业研发投入促进了收入的提高。一般来说,研发投入是促进企业总收益的重要源泉,它提高了企业的核心竞争力。通过研发投入,企业可以产生新技术或新产品,这些可能会为企业带来回报,进而促进企业收入的增加(张信东等,2009)。我们可以从经济学视角和财务学视角来解释。从经济学的角度看,研发产生新技术,而技术要素存在"边际收益递增"①的增值规律。于是,当新技术在企业应用后,技术资本的边际收益递增,从而企业的收入也会随之增加(孙景新,2012)。从财务学的角度看,企业通过研发投入产生新的产品,产品的竞争力提高,可以成为企业收入的增长点(Guth,Ginderg,1990)。

**3. 盈利能力**

从表 5.6 可以看出,LPROFIT(企业的盈利能力)与 REV(销售收入)存在

---

① 技术资本边际收益递增,是指技术资本在使用过程中不仅不会贬值,而且通过其可复制性,还可以实现企业价值的持续增长。

正相关关系，且在1%的显著性水平下通过了检验。当利润变动1%时，收入增加2.534%。这是因为，当企业的盈利能力较强时，企业可以投入更多的研发成本来提高企业的创新能力研发新产品，从而提高收入（Chen et al.，2008）。Simanjuntak和Tjandrawinata（2011）认为盈利能力对收入的影响有一定的滞后性，前一期的利润可能会影响企业的研发投入，进而影响企业未来的收入。

**4. 工业增加值**

回归结果表明，对装备制造业来说，AV（工业增加值）增速对销售收入的影响为正，且在1%的显著性水平下通过了检验。当工业增加值增速变动1%时，企业销售收入变动0.0614%。这是因为，当行业的工业增加值稳中有增，这会使消费者对该行业的发展有信心，会促进用户购买产品，这对企业的销售收入是十分有利的。如果行业的工业增加值长期下滑，消费者对该行业便很难有信心，便不会购买产品，对企业的收入有很大的负面影响。

接着我们来看各分行业的情况，表5.6中第2列至第9列（行业0～行业7）是各行业（行业分类同表5.4，本书下同）的回归结果。

电气机械和器材制造业（行业0）。该行业主要包括电机设备、输配电及控制设备、电线光缆及电工器材设备、电池设备制造、家电设备、非电力家用器具制造等。从结果看出，融资租赁对电气机械和器材制造业销售收入的影响为负，且在10%的显著性水平下通过检验，使用融资租赁方式的企业销售收入比未使用融资租赁的企业少0.358%。可能的原因有，在电气机械和器材制造业中，使用融资租赁方式进行销售产品的企业并不多，且这些企业使用融资租赁的时间大多在2012年之后，起步较晚，由于融资租赁的期限通常在三年以上，收入并没有确认完整，所以在该行业的回归结果中，融资租赁对销售收入的影响为负向。

计算机、通信和其他电子设备制造业（行业1）。该行业主要包括计算机整机制造、通信系统设备制造、通信终端设备制造、半导体分立器件制造和印制电路板制造等。融资租赁对该行业的销售收入影响为正，且在1%的显著性水平下通过了检验，使用融资租赁方式的企业销售收入比未使用融资租赁的企业多1.426%，这说明融资租赁对计算机、通信和其他电子设备制造业起到了较好的促销效果。

金属制品业（行业2）。从表中的回归结果可以看到，融资租赁对金属制品业销售收入的影响为负，且在统计上不显著。这是因为，金属制品业的产品包括刀具、锁具、模具、螺丝刀、轴承、五金金属门窗、手工具等。对于那些刀具、螺丝刀之类的产品，成本较低，购买方通常可以一次性偿付，厂商无须通过融资租赁的方式进行促销。而对于那些钢材来说,当产品销售之后,通常用作购买人生产的原材料,在经过浇铸、冲压之后,产品的形态、性质发生了改变,不符合融资租赁标的物的条件,因此无法使用融资租赁的方式。就目前我国金属制品业的上市公司情况看,使用融资租赁方式的公司少之又少。

汽车制造业(行业 3)。融资租赁对汽车制造业销售收入的影响为正,使用融资租赁的企业销售收入比未使用融资租赁的企业多 0.701,但统计上不显著。一般来说,汽车制造行业的厂商愿意通过融资租赁的方式来销售他们的产品,这是因为融资租赁对汽车制造厂商有以下几方面的优势:首先,与分期付款等其他信用销售方式相比,融资租赁的租金回收比较有保障,这是由于汽车厂商的客户是融资租赁公司或其关联公司,而不是最终的用户,而公司通常比个人有较高的信誉和还款能力;其次,汽车厂商还可以与融资租赁公司开展深层次的合作,将自身和融资租赁公司的资源整合,向客户提供湿租赁服务(即除了出租汽车,还出租司机等服务人员),这不仅对企业的收入起到了促进作用,也保障了汽车在租赁期间的"安全";再次,汽车厂商根据自身对汽车产品的技术优势,可以发展汽车二手市场,通过将汽车回购的途径将产品增值。

根据目前汽车融资租赁行业的发展情况,汽车制造企业开展融资租赁业务的方式主要有以下 2 种:

(1) 直接融资租赁的方式,即汽车融资租赁公司根据承租人(客户)的要求从汽车厂商购买相应的汽车,与承租人签订租赁合同,当租赁期结束之后,将汽车转让给承租人的交易形式。一般来说,在签订融资租赁合同时,承租人应缴纳一定比例的保证金(一般 20%～30%)以及 5%左右的手续费(因具体情况而定),其他的款项分期偿付,租金之和通常大于等于汽车的价格。租赁期末,客户以象征性的价格获得汽车的产权,此时完成了整个交易过程。

(2) 委托租赁的方式,即汽车制造商或经销商委托融资租赁公司从事车辆出租业务,租赁公司将汽车出租给终端客户并代替委托人按期收取租金。在合同生效期间,汽车所有权归委托人所有,融资租赁公司只收取相应的业务费。无论是直接融资租赁方式,还是委托租赁方式,都对汽车厂商起到了促进销售的作用。

铁路、船舶、航空航天和其他运输设备制造业(行业 4)。融资租赁对该行业销售收入的影响为正,且在 5%的显著性水平下通过了检验。该行业中,使用融资租赁的企业销售收入比不使用融资租赁的企业多 2.631%。这是因为,铁路、船舶、航空航天和其他运输设备制造业主要包括铁路机车车辆及动车组、窄轨机车车辆、铁路专用设备、城市轨道设备、金属和非金属船舶、运动船、飞机、航天器、潜水及水下救捞设备等。这些设备通常来说价格比较高，客户很难一次性付清全部贷款，运输设备非常符合租赁标的物的要求。在实际生活中，铁路、船舶、航空航天和其他运输设备制造业经常采用融资租赁的方式来进行设备促销。

具体来说，铁路行业的投资通常较大，这就需要客户有多种融资途径。融资租赁便是其中一种，通过融资租赁的杠杆作用，可以满足客户的部分融资需求。另外，铁路行业有公共品的特性，同时也有私有属性，于是铁路行业有必要从外部引入资金，但是铁路行业带有较强的体制特征，这可能会影响外部资金的引入。而融资租赁兼具“融物”与“融资”的属性，则可以巧妙地绕过“障碍”，以“融物”的形式达到从外部融资的目的。此外，铁路行业一般建设周期较长，回收期可能达几十年，前期以投入为主，现金流比较少，后期的现金流会慢慢增加。如果通过银行信贷等方式融资，铁路行业在前期的经济压力会比较大。若铁路行业引入融资租赁的方式，在前期只需支付一小部分的货款，差额可以在经营期内按期支付，从而可以缓解资金的压力。这样也提高了铁路制造企业的销售量，实现了制造厂商、铁路运输方以及出租人的“共赢”。例如，中国南车、中国北车分别成立融资租赁公司和财务公司开展融资租赁业务，来促销产品。另外，融资租赁对铁路行业更新装备十分有利，进而对铁路企业的盈利能力有一定的提升作用。

对于船舶运输企业来说，其经营情况受季节的影响较大。若采用银行贷款的途径融资，则在淡季期间，仍需还本付息，还款压力很大。相比之下，融资租赁的偿还方式较为灵活，船舶运输企业可以根据自身的经营情况与出租人协商还款方式，这对企业现金流的分配是较为有利的，也减轻了企业的资金压力。对于船舶制造厂商来说，规模较大的企业可能存在被淘汰的产品，但由于船舶的残值较高，这对厂商来说是一项巨大的成本。这时船舶制造厂商可以利用融资租赁的形式将船舶出租给规模较小的船运公司，一方面船舶制造厂商盘活了资产，也提高了收入；另一方面，规模较小的船运公司也可以继续经营获取利润。

从发达国家的情况看，运输设备融资租赁的渗透程度是非常高的。在融资租赁业务中，以运输设备为标的物的业务高于其他设备。以美国为例，以融资租赁方式取得货车数量占全国货车总数的一半以上，其他运输设备所占比例达三分之一以上。

通用设备制造业(行业5)。融资租赁对通用设备制造业销售收入的影响为正，且在1%的显著性水平下通过了检验。在通用设备制造业中，使用融资租赁的企业销售收入比未使用融资租赁的企业多1.307%。通用设备包括起重机、生产专用车辆、空调设备、金属切削机床、内燃机等。这些设备流通性较强，处理起来相对比较容易。对于那些二手设备市场较完善的产品来说，出租人甚至不要求承租人办理抵押，因此，承租人愿意通过融资租赁的方式来获得设备。对生产厂商来说，当其与第三方融资租赁公司合作时，生产厂商可以及时确认销售收入，加快资金周转。由于是融资租赁公司向生产厂商付款，降低了厂商的销售风险。

仪器仪表制造业（行业6）。融资租赁对仪器仪表制造业销售收入的影响为负，但在统计上不显著。仪器仪表制造业包括电工仪器仪表制造、钟表与计时仪器制造、教学专用仪器制造、光学仪器制造等，就我国目前的情况看，在上市的仪器仪表制造企业中，很少有通过融资租赁方式来销售产品的。可能的原因在于该行业的客户以高校、研究机构、医院为主，这些单位有较充裕的资金来购买设备，无须通过融资租赁的方式来购买。另外，该行业的大部分产品体积小，移动方便，这在一定程度上增加了回收的难度，因此，反而对制造厂商和出租人增添了负担，也提高了交易成本，不利于开展融资租赁业务。

专用设备制造业（行业7）。专业设备制造业主要包括矿山机械制造、石油钻采专用设备、海洋工程专用设备、口腔专用设备、印刷专用设备等，由于该行业的产品有较高的专有性，一般是根据企业的要求订制生产。融资租赁对专用设备制造业销售收入的影响为正，使用融资租赁的企业的销售收入比未使用融资租赁的企业多0.187%，但统计上不显著。可能的原因在于，由于产品的专有性，厂商更倾向于将产品一次性卖出，而不愿意使用融资租赁的销售方式。这是因为当厂商采用融资租赁时，若承租人在租赁期末将设备退租，出租人很难找到下一个承租人。

从各行业的结果我们可以发现，在行业1（计算机、通信和其他电子设备制造业）、行业4（铁路、船舶、航空航天和其他运输设备制造业）、行业5（通用设备制造业）中，融资租赁非常显著地促进了销售收入的提高；而在行业2（金属制品业）、行业3（汽车制造业）、行业6（仪器仪表制造业）和行业7（专用设备制造业）中，虽然融资租赁对其中几个行业的销售收入有正的影响，但并不显著。可见，融资租赁的决策对不同的行业有一定的影响，这与很多文献的研究是一致的。Finucane（1988）认为行业产品的专有性、行业的投资抵免税差别、产品抵押的难易程度、行业的科技发展速度、行业的二手设备市场、行业的边际税率以及行业的负债能力都有可能影响企业的融资租赁决策。Adams 和 Hardwick（1998）通过研究也发现不同的行业使用融资租赁时存在着较大的区别。

另外，资产的属性也对融资租赁的使用有着很大的影响。一般来说，融资租赁公司更愿意出租那些通用性较强的设备。通用性越强，则产品在市场上流通地也越快。对于那些专有性较强的设备，厂商或经销商更倾向于将它们一次性卖出。Graham 等(1998)、Sharpe 和 Nguyen(1995)通过研究发现，融资租赁和资产专有性呈反向关系。Klein 等(1978)认为设备的专用性越强，用户倾向于购买，而设备的通用性越强，则用户倾向于租赁。Krishnan 和 Moyer(1994)研究发现制造业中设备专有性较强的行业使用融资租赁的程度比运输业、采矿业等行业要低。相比之下，后者行业中的设备通用性较好一些。Smith 和 Wakeman(1985)发现承租人不愿意租赁专有性较强的设备，是因为当设备的专有性很强时，产生的垄断问题会增加出租人和承租人的冲突与代理成本。Gavazza(2010)通过对商用飞机的数据进行研究，结果发现资产的流动性影响企业的租赁决策，即资产的流通性越强，则资产越容易被租赁。

具体来说，行业 1、行业 4 和行业 5 的产品以计算机、火车、船舶、飞机、起重机等为主，这些行业的设备有个共同的特点：流通性较好。当设备的租赁期结束后，出租人很容易找到下一个承租人。因此，融资租赁对这些行业销售收入的影响非常明显。对于金属制品业来说，其产品有些以原材料为主，当出售之后，产品的形态、性质等发生了改变，不可以用作租赁标的物。对于仪器仪表制造业和专用设备制造业来说，该行业的产品专有性较强，流通性较差，当租赁期结束后，很难找到下一个用户，厂商或者经销商更倾向于将产品直接销售出去。因此，融资租赁对这些行业销售收入的影响并不显著。

表 5.6 中第 10 列描述的是装备制造企业中不存在外资的回归结果，从结果可以看出，融资租赁对销售收入的回归系数是 0.773，且在 1%的显著性水平下通过了检验，说明采用融资租赁企业的销售收入比未采用融资租赁的企业多 0.773%。最后一列描述的是装备制造企业中存在外资的回归结果，可以看出，融资租赁对销售收入的回归系数是 0.993，且在 5%的显著性水平下通过了检验，说明在存在外资的企业中，采用融资租赁企业的销售收入比未采用融资租赁的企业多 0.993%。从以往的研究看，所有权结构对融资租赁也有着明显的影响(Alchian，Demsetz，1972；Smith，Wakeman，1985)。Flath(1980)发现股权较集中的企业往往融资租赁业务较多，但租赁可能导致企业所有者出现金融风险。当租赁资产的租赁期限较短时，出租人要承担设备减值或者被淘汰的风险。如果出租人资产组合比较多样化，股权结构也比较分散，则出租人比较容易承受这样的风险。Smith 和 Wakeman(1985)认为若出租人熟悉设备的二手市场，出租人可以从中获得收益。

比较最后两列，可以发现，含有外资股份企业的融资租赁促销效果比不含有外资股份的企业强。融资租赁公司的外资投资主体主要有国外厂商、国外银行以及私募基金等，我国的融资租赁发展主要基于美国和欧洲等发达国家的经验，在盈利能力等方面不如欧美国家。主要原因有：

(1) 外资融资租赁公司的市场紧密相连。也就是说，新的设备市场、二手设备市场和融资租赁市场有着较强的关联性。生产厂商通过融资租赁方式销售产品，获得销售收入，同时，由于生产厂商对设备十分了解，可以回收二手设备，经过维修更新可以再次投入市场，从而增加收入。

(2) 外资融资租赁公司有较好的信用评估系统。根据承租人的信息，含有外资的融资租赁公司可以很快地对承租人进行信用评估，这对降低租赁业务的风险有着重要作用。相比之下，信用评估在我国融资租赁公司中还有很长的路要走。

(3) 含外资的融资租赁公司的风控技术较先进。融资租赁业务的风险表现在租赁设备的使用权和所有权分离上，当设备的流通性较强时风险更高。经过长期的发展，含外资的融资租赁公司在租前、租中、租后都对承租人进行信用评估，在具体业务中使用的方法有判断分析法和量化分析法等。

### 5.5.6 内生性检验

计量模型的一个重要问题是变量是否存在内生性。根据现有的文献研究，产生内生性问题的常见原因有遗漏变量等，也就是说可能存在一些无法观测的变量遗漏在模型的扰动项内，这些因素会影响融资租赁，从而造成融资租赁变量与扰动项有关。在这种情况下，最小二乘法得出的结果会出现不一致的情况。此外，样本选择偏误和联立性偏误也会导致模型的内生性。

本部分采用工具变量法来检验融资租赁变量是否存在内生性。与刘军等(2016)的方法类似，引入融资租赁变量的滞后一阶作为工具变量，然后使用Davidson 和 MacKinnon(1993)提出的方法进行内生性检验。在该检验中，原假设为 OLS 和工具变量回归都是一致的，即内生性对 OLS 的结果没有较大的影响。检验结果中，$p$ 值为 0.1339，无法拒绝原假设，也就是说该变量不存在内生性。

## 5.5.7　稳健性检验

为了进一步研究结果的可靠性，本部分对模型进行稳健性检验。根据融资租赁的定义，我们很难找到一个合适的替代变量来进行稳健性检验。于是，根据不同的分类标准对样本进行分类，来检验回归结果是否稳健。在这里，我们根据盈利能力大小、研发投入的多少以及工业增加值增速的大小对稳健性进行检验。稳健性检验结果如表 5.7。

表 5.7　稳健性检验结果

| 变量符号 | 按照盈利能力分类 | | 按照研发投入分类 | | 按照工业增加值分类 | |
|---|---|---|---|---|---|---|
| | (1) | (2) | (3) | (4) | (5) | (6) |
| LS | 0.821*** (3.58) | 0.955*** (4.83) | 1.100*** (3.22) | 0.821*** (3.58) | 0.895*** (2.94) | 0.851*** (3.40) |
| SALEEX | 0.381*** (3.16) | 0.255** (2.58) | 0.517** (2.40) | 0.381*** (3.16) | 0.365*** (2.83) | 0.358*** (2.61) |
| RD | 2.352** (2.24) | 1.249* (1.69) | 5.634 (1.24) | 2.352** (2.24) | 2.333* (1.89) | 2.475** (2.10) |
| LPROFIT | 2.235*** (2.63) | 0.0277 (0.05) | 2.500* (1.84) | 2.235*** (2.63) | 3.052*** (3.05) | 2.136** (2.28) |
| AV | 0.0348*** (5.00) | 0.0248*** (4.36) | 0.0409*** (3.46) | 0.0348*** (5.00) | 0.0325*** (2.81) | 0.0423*** (4.12) |
| SIZE | 1.003*** (7.37) | 0.618*** (6.05) | 1.023*** (4.24) | 1.003*** (7.37) | 1.062*** (6.96) | 0.996*** (6.68) |
| _cons | −30.87*** (−13.46) | −17.90*** (−9.52) | −36.60*** (−7.48) | −30.87*** (−13.46) | −32.53*** (−12.40) | −30.37*** (−12.13) |
| 年度 | 控制 | 控制 | 控制 | 控制 | 控制 | 控制 |
| $R^2$ | 0.2670 | 0.2205 | 0.2883 | 0.2670 | 0.2668 | 0.2654 |
| $N$ | 2681 | 1673 | 1676 | 2678 | 1195 | 3159 |

注：括号内表示 $t$ 统计量，* $p<0.10$，** $p<0.05$，*** $p<0.01$。

表 5.7 中前两列是根据盈利能力的大小进行分类的回归结果，LS 的回归系数分别是 0.821 和 0.955，且在 1%的显著性水平下通过了检验，其他变量的回归结果也比较一致。可见，对于不同盈利能力的企业来说，融资租赁对销售

收入的影响没有特别大的差距。表中第3和第4列是按照研发投入进行分类的回归结果，从结果中可以看到，LS的回归系数分别为1.100和0.821，且在1%的显著性水平下通过了检验，其他变量的结果和显著性也没有非常大的差异，这说明对研发投入不同的企业来说，融资租赁仍然对销售收入有显著的正相关关系。表中最后两列是按照工业增加值来进行分类的回归结果，LS的回归系数分别为0.895和0.851，且在1%的显著性水平下通过了检验，其他变量的回归结果也基本一致。

通过以上分析可以看到，对样本按照不同的标准进行分类，回归结果并没有出现较大的差异，可见模型是比较稳健的。

# 第6章 融资租赁对装备制造业应收账款的影响

对于企业来说,要在竞争中生存,就要不断发掘新的市场,采取合理的销售政策。通过前一章内容可知,对于装备制造业来说,融资租赁起到了较好地促进销售的效果。然而,厂商在通过融资租赁的方式销售产品时,如果与第三方融资租赁公司合作,一次性收到货款,则可以直接确认收入。若厂商与控股的融资租赁子公司合作,虽然租赁子公司将货款支付给厂商,但设备仅是在内部转移,在租赁子公司将设备出租之后,并不能马上收回货款,便会面临应收账款的增加,体现在厂商的合并报表中。由于应收账款在一定时间内并不能为企业带来效益,并且随着应收账款账龄的增加,可能会出现较多的坏账,这就会进一步影响企业的经济效益。本章主要研究在不同情况下融资租赁对装备制造业应收账款的影响,并对应收账款的质量进行分析。

## 6.1 应收账款对企业的影响

应收账款可能存在无法收回或者延期收回的情况,所以应收账款对企业的经营会产生一定的影响。主要表现在:

(1) 应收账款较高会导致企业资金周转不足。当厂商或者经销商将设备以信用销售的方式卖出后,存货相应减少,但客户没有马上支付货款,当客户因主观或客观的原因无法按时支付货款时,意味着厂商或者经销商的流动资金被占用,如果无法按时支付货款的用户较多,大量的资金停留在非生产环节,必然导致企业的货币资金不足等情况发生,影响员工工资的支付时间和原材料的购买时间,进而会对企业的经营活动产生影响,继而影响企业进一步的生产销售等。

(2) 应收账款虚增了企业的利润。根据我国的会计准则,企业记账采用的是权责发生制，即收入的确认是以权利形成的发生为标准。也就是说，当企业将产品以信用销售的方式销售后，相应的会计处理为，借记“应收账款”科目，贷记“主营业务收入”或者“其他业务收入”。可以看出，销售的收入在当期确认，从记账的处理方式上看，企业的利润增加。但是，企业并没有马上收到货款，所以企业利润的增加并不能马上实现现金的流入。根据目前的会计准则，通常企业需要按照一定的比例来计提坏账准备，一般为3%～5%。如果在实际的业务中，出现的坏账大于计提的坏账比例，企业的损失也会增加。可以看出，应收账款增加，虚增了账上的销售收入，也虚增了企业的利润。

(3) 应收账款加剧了现金的流出。从应收账款的会计处理上我们知道，应收账款的存在虽然为企业增加了利润，但并未实现企业现金流的增加。此外，企业还需要从现有的货币资金中支付各种税费和其他费用，加剧了企业现金的流出。比如，企业需要支付流转税。因为企业的流转税是按照销售作为计算基础的，企业需要按时用内部的现金来缴纳，这里流转税主要包括营业税、增值税等。另外，企业也需要支付所得税，因为应收账款导致了利润的增加，但是企业在缴纳这些税费的同时并没有收到用户的货款，所以，企业的现金流在减少。另外，企业在应收账款回收时也需要支付相应的成本，这都加剧了企业现金的流出。

(4) 应收账款使得企业资金的机会成本增加。一方面，对企业来说，货币资金在企业的经营中可以得到回报，但是由于应收账款的存在，占用了企业的资金，尤其是无法按时收回的应收账款增加时，这些被占用的资金便失去了相应的时间价值。另一方面，企业可能由于应收账款的存在，使得企业无法按时偿还银行的贷款，使利息费用的支出相应增加。可以看出，应收账款的存在，使得这部分资金失去了获利的机会，导致了企业资金的机会成本增加。

## 6.2 融资租赁对装备制造业应收账款影响的实证分析

根据已有的研究，应收账款的影响因素主要包括公司信誉、内部融资能力、销售增长率、价格歧视、宏观经济因素、产品质量等。信用销售政策也对企业的应收账款产生显著的影响，本部分主要研究融资租赁对应收账款的影响。

## 6.2.1　样本选择和数据来源

本章选取的样本和上一章相同，都是我国 A 股装备制造业上市公司，样本区间为 2008—2014 年，有效样本为 4354 个。

本章主要数据来源为 Wind 资讯和 CSMAR 数据库。企业融资租赁数据从上市公司年报中获取，实证研究使用软件 Stata 12。

## 6.2.2　变量选择与模型建立

本章变量包括融资租赁、公司规模、公司年龄、短期融资能力、企业利润、国民生产总值等。

**1. 公司信誉**

现有的文献认为在收集信息和债务人监管方面，销售方比金融机构更有优势，在这种情况下，信誉较高的厂商可以为信用评级较低的公司提供融资帮助(Garcia-Teruel, Martinez-Solano, 2010; Emery, 1984; Mian, Smith, 1992; Schwartz，1974；Smith，1987；Peterson，Rajan，1997)，融资租赁就是一种方式。另外，由于供货厂商与客户的关系较为紧密，其获取客户信息的能力比较强，通过客户订单的数量和频率都可以判断客户的财务状况(Garcia-Teruel，Martinez-Solano，2010)。供货厂商可以通过产品的供应量控制其客户，这种影响在供应商较少时非常明显，当客户不能按时还款时，销售方有权收回设备。

因此，信用销售的程度与厂商的信誉和外部融资的能力有直接的关系，Peterson 和 Rajan(1997)认为公司规模和公司年龄可以衡量公司的信誉。一般来说，规模较大的公司信誉较好，资本市场上融资能力也较强。成立时间较长的公司有更多的机会与其他的公司建立联系，其声誉和融资能力也相对较好。同时，Long 等(1993)、Pike 等(2005)、Lee 和 Stowe(1993)通过研究发现，基于信息不对称的角度，由于规模较小和成立时间较短的公司信誉不高，所以更需要信用销售的方式来销售产品。我们采用 Khan 等(2012)的指标，使用公司总资产的对数形式表示公司规模，用公司成立年数加 1 的和的对数形式来表示公司年龄。另外，Garcia-Teruel 和 Martinez-Solano(2010)认为销售方的信用销售程度还取决于公司的外部融资能力，本书采用该文献的变量，用流动负债与营业收入的比值来代表企业的短期融资能力。

**2. 内部融资能力**

厂商为客户提供融资服务的能力也取决于其内部融资能力的高低。Peterson 和 Rajan(1997)通过研究发现，厂商内部融资能力越强，则有更多的资源为客户提供融资服务。本书采用 Khan 等(2012)中的指标来描述内部融资的水平，即用经营性现金流与总资产的比例来表示。

**3. 价格歧视**

价格歧视是指厂商针对不同的客户收取不同费用的交易行为，这种形式在垄断行业中比较常见，在融资租赁业务中，销售商可以针对不同的客户采取不同的收款策略。本书采用 Niskanen J 和 Niskanen M(2006)、Khan 等(2012)中的指标，即用利润与总资产的比例来代替实施价格歧视的市场垄断能力。

**4. 销售增长率**

信用销售可以促进销售的增长，当公司销售情况不理想时，公司可能就会通过信用销售的方式。Emery(1984)认为当厂商销售额出现波动时，厂商便会通过信用销售的方式来提高客户购买产品的欲望，这样一来，厂商也减少了库存成本。Molina 和 Preve(2006)通过研究发现，当公司的盈利状况出现问题时，公司使用信用销售的可能性便会增加。本书采用 Garcia-Teruel 和 Martinez-Solano(2010)及 Khan 等(2012)的指标，用营业收入的增长率来代表公司的销售增长情况。

**5. 宏观经济因素**

Smith(1987)、时艳娇(2010)研究发现，应收账款与该国经济的发展情况有着密切的联系。宏观经济形势恶化时，厂商出现呆账和坏账的可能性增加，经营活动中产生的现金流便会减少。当宏观经济稳步增长时，企业的经营情况好转，厂商便可逐步收回应收账款。本书采用 Garcia-Teruel 和 Martinez-Solano(2010)及时艳娇(2010)中的指标，用国内生产总值的增长率来描述宏观经济的发展情况。

**6. 产品质量**

Smith(1987)指出，厂商通过信用销售的方式使得客户有一定的时间来确认产品的质量，比如，产品的数量、性能是否满足了合同的全部条款。如果产品并不符合要求，客户有权将产品退还。Lee 和 Stowe(1993)认为信用销售是一种保证产品质量的较好形式，公司规模较小和成立时间较短的厂商可能会通过这种形式来销售产品，因为他们的客户可能会怀疑产品的质量。Long 等(1993)通过研究发现成立时间短和公司规模小的厂商更倾向于信用销售的方式，因为这种方式可以让他们的客户在使用产品的过程中检验产品的质量。本书采用 Garcia-Teruel 和 Martinez-Solano(2010)、Deloof 和 Jegers(1999)中的指标,用营业收入/(总资产 - 应收账款)这个比例来代表公司的产品质量。

**7. 融资租赁**

Khan 等(2012)认为公司应收账款与信用销售有着密切的联系。但是,厂商信用销售程度并不容易直接计算,这是因为厂商的客户类型较为复杂,可能是个人,也可能是企业(Peterson,Rajan,1997)。融资租赁作为信用销售的一种重要形式,对企业应收账款有着重要的影响。本部分融资租赁的行为定义与上一章相同,即企业存在融资租赁行为,用 1 表示;没有融资租赁行为,用 0 表示。

其变量名称、符号及定义如表 6.1 所示。

**表 6.1　变量名称、符号及定义**

| 变量名称 | 变量符号 | 变　量　定　义 |
| --- | --- | --- |
| 应收账款 | AR | 企业应收账款(万元)的对数形式 |
| 公司规模 | ASSET | 企业的总资产(万元)的对数形式 |
| 公司年龄 | AGE | ln(1 + age),其中 age 指企业成立的年数 |
| 短期融资能力 | STF | 流动负债与营业收入的比值 |
| 内部融资能力 | CF | 经营性现金流与总资产的比例 |
| 价格歧视 | MARGIN | 利润与总资产的比例 |
| 销售增长率 | RR | 营业收入的增长率 |
| 宏观经济因素 | GDP | 国内生产总值(元)的对数值 |
| 产品质量 | TURN | 营业收入/(总资产 - 应收账款) |
| 融资租赁 | LS | 有融资租赁方式,用 1 表示;<br>没有融资租赁方式,用 0 表示 |

建立如下模型:

$$
\begin{aligned}
\mathrm{AR}_{it} = {} & \beta_0 + \beta_1 \mathrm{LS}_{it} + \beta_2 \mathrm{ASSET}_{it} + \beta_3 \mathrm{AGE}_{it} + \beta_4 \mathrm{STF}_{it} + \beta_5 \mathrm{CF}_{it} \\
& + \beta_6 \mathrm{MARGIN}_{it} + \beta_7 \mathrm{RR}_{it} + \beta_8 \mathrm{TURN}_{it} + \beta_9 \mathrm{GDP}_{it} + v_t + \varepsilon_{it}
\end{aligned}
\tag{6.1}
$$

## 6.2.3　描述性统计

表 6.2 是变量的描述性统计结果。

表6.2 变量的描述性统计

| 变量符号 | 平均值 | 中位数 | 标准差 | 最小值 | 最大值 |
|---|---|---|---|---|---|
| AR | 8.8244 | 2.8282 | 24.6828 | 0 | 341.2081 |
| LS | 0.0276 | 0 | 0.1637 | 0 | 1 |
| ASSET | 21.5337 | 21.4019 | 1.1771 | 16.7037 | 26.7512 |
| AGE | 2.6846 | 2.7081 | 0.3388 | 0 | 3.6003 |
| STF | 0.3923 | 0.3377 | 1.1048 | 0.0060 | 56.0658 |
| CF | 0.0315 | 0.0319 | 0.07770 | −1.9377 | 0.4711 |
| MARGIN | 0.0456 | 0.0413 | 0.3979 | −5.2984 | 22.0051 |
| RR | 22.2066 | 11.6400 | 388.4427 | −100 | 251.68 |
| TURN | 0.7866 | 0.6840 | 0.4876 | 0.0011 | 4.7445 |
| GDP | 50.1657 | 53.4123 | 10.5788 | 31.6752 | 63.591 |

**1. 应收账款**

应收账款AR的最小值为0,最大值为341.2081,标准差为24.6828,可见样本中装备制造业的应收账款差异很大。AR的平均值为8.8244,中位数为2.8282,可见装备制造业中应收账款高于平均值的企业较多。

**2. 融资租赁**

融资租赁LS是虚拟变量。平均值为0.0276,中位数为0,说明样本中使用融资租赁方式的企业并不多。具体各行业融资租赁的描述性统计跟上一章相同,在此不再赘述。

**3. 公司年龄**

公司年龄AGE的最小值为0,最大值为3.6003,说明装备制造企业的成立时间有很大的不同。AGE的平均值为2.6846,中位数为2.7081,可见样本中低于平均年龄的公司超过一半,说明装备制造业中"年轻"的公司较多。

**4. 短期融资能力**

短期融资能力STF最小值为0.0060,最大值为56.0658,标准差为1.1048,说明样本中不同企业的融资能力差异很大,这是因为企业的规模和成立时间差异很大,在进行融资时,那些规模大历史悠久的企业就会更强,而那些资产少、成立时间较短的企业可能由于信用不良或抵押物较少导致融资受到限制。

**5. 内部融资能力**

内部融资能力CF的最小值为−1.9377,最大值为0.4711,可见装备制造业不同企业的内部融资能力相差很大。这是因为不同的企业资产不同,其经营状况也不同,这也造成不同企业的内部融资情况也有很大的不同。

**6. 价格歧视变量**

价格歧视变量 MARGIN 的最小值为 -5.2984,最大值为 22.0051,说明样本中企业价格歧视的程度差异非常大。这是因为不同的企业市场份额不同,垄断的程度不同,对客户的销售策略也会有很大的差异。

**7. 销售增长率**

销售增长率 RR 的最小值为 -100,最大值为 251.68,标准差为 388.4427,可见装备制造业不同企业的增长率存在巨大的差异。对不同的企业来说,生产技术不同,其产品的质量也不同,销售策略及经营情况千差万别,于是样本中的销售增长率差异也非常明显。RR 的平均值为 22.2066,中位数为 11.64,说明超过一半的企业销售增长率在平均值以下。

**8. 产品质量变量**

产品质量变量 TURN 的最小值为 0.0011,最大值为 4.7445,说明不同企业的产品质量有较大的差异,这是因为不同企业的现金流不同,现金流不足的企业难以购买先进的设备,生产技术也会落后于其他企业。另外,不同企业的监管手段不同,若监管中存在疏漏,则对产品的质量也会有很大的影响。

**9. 国内生产总值**

宏观经济因素 GDP 最小值为 31.6752,最大值为 63.591,可见在样本区间内,我国国内生产总值增长很快。

### 6.2.4　相关性检验

表 6.3 是变量的相关性检验。GDP 和 AGE 相关系数最高,为 0.2408,其次是 ASSET 和 LS,为 0.2325,不存在高度相关。

### 6.2.5　回归结果分析

表 6.4 是模型的回归结果,第 1 列是装备制造业全部样本的回归结果,第 4 至第 11 列是各行业的回归结果。从全样本的回归结果看,融资租赁 LS 对应收账款 AR 的影响为正,且在 1%的显著性水平下通过了检验,使用融资租赁的企业应收账款比未使用融资租赁的企业多 15.14 个单位。可见融资租赁非常显著地导致了装备制造业应收账款的增加。这是因为:

表 6.3 相关性检验

| 变量符号 | LS | ASSET | AGE | STF | CF | MARGIN | RR | TURN | GDP |
|---|---|---|---|---|---|---|---|---|---|
| LS | 1.0000 | | | | | | | | |
| ASSET | 0.2325 | 1.0000 | | | | | | | |
| AGE | 0.0291 | 0.1069 | 1.0000 | | | | | | |
| STF | −0.0005 | −0.0534 | 0.0665 | 1.0000 | | | | | |
| CF | 0.0047 | 0.0542 | 0.0122 | −0.0302 | 1.0000 | | | | |
| MARGIN | 0.0016 | −0.0237 | −0.0025 | −0.2207 | 0.0777 | 1.0000 | | | |
| RR | −0.0024 | −0.0153 | 0.0015 | −0.0024 | 0.0026 | 0.0014 | 1.0000 | | |
| TURN | 0.0097 | 0.1789 | 0.1388 | 0.0724 | 0.0626 | 0.0009 | −0.0089 | 1.0000 | |
| GDP | 0.0581 | 0.1258 | 0.2408 | −0.0663 | −0.0512 | 0.0025 | −0.0287 | −0.1241 | 1.0000 |

**表 6.4　厂商应收账款回归分析结果**

| 变量符号 | (1)<br>AR | (2)<br>AR(RR＞0) | (3)<br>AR(RR＜0) | (行业 0)<br>AR | (行业 1)<br>AR | (行业 2)<br>AR |
|---|---|---|---|---|---|---|
| LS | 15.14***<br>(9.59) | 16.80***<br>(9.95) | 17.07***<br>(5.91) | −1.081<br>(−0.83) | 6.817***<br>(3.12) | 0.400<br>(0.07) |
| ASSET | 8.546***<br>(14.85) | 6.956***<br>(9.41) | 8.055***<br>(11.05) | 6.798***<br>(15.72) | 6.656***<br>(11.31) | 6.162***<br>(2.86) |
| AGE | 37.46***<br>(9.95) | 48.45***<br>(11.21) | 19.62***<br>(4.07) | −7.557**<br>(−2.56) | −3.692<br>(−0.69) | −53.68***<br>(−5.96) |
| STF | 0.780***<br>(3.17) | 0.746<br>(1.31) | 0.876***<br>(4.63) | 5.456***<br>(3.70) | 1.811<br>(1.33) | 2.659<br>(0.60) |
| CF | −9.965***<br>(−3.73) | −6.784*<br>(−1.86) | −5.689**<br>(−2.05) | −6.027***<br>(−2.76) | −5.941**<br>(−2.22) | −2.730<br>(−0.51) |
| MARGIN | 0.986**<br>(1.97) | 20.32***<br>(3.53) | 0.986***<br>(2.83) | 4.204<br>(1.26) | 0.512<br>(0.37) | −17.06<br>(−0.86) |
| RR | 0.000374<br>(0.83) | 0.000339<br>(0.81) | −0.0559***<br>(−2.83) | −0.00903*<br>(−1.75) | 0.000485*<br>(1.67) | 0.0482***<br>(2.85) |
| TURN | 3.032***<br>(3.80) | 2.563**<br>(2.44) | 6.281***<br>(5.95) | 1.528**<br>(2.44) | 3.969***<br>(4.75) | 1.051<br>(0.39) |
| GDP | −0.363***<br>(−6.64) | −0.501***<br>(−7.62) | −0.137**<br>(−2.10) | 0.157***<br>(3.78) | 0.158**<br>(2.17) | 0.775***<br>(6.13) |
| _cons | −261.0***<br>(−19.10) | −249.5***<br>(−14.82) | −216.2***<br>(−11.88) | −129.3***<br>(−11.95) | −137.3***<br>(−9.03) | −23.06<br>(−0.49) |
| 年度 | 控制 | 控制 | 控制 | 控制 | 控制 | 控制 |
| $R^2$ | 0.2087 | 0.2413 | 0.2938 | 0.5054 | 0.2626 | 0.3547 |
| $N$ | 4334 | 3111 | 1223 | 900 | 1194 | 222 |

| 变量符号 | (行业 3)<br>AR | (行业 4)<br>AR | (行业 5)<br>AR | (行业 6)<br>AR | (行业 7)<br>AR |
|---|---|---|---|---|---|
| LS | 35.14***<br>(8.53) | 1.625<br>(0.17) | 26.05***<br>(7.34) | 0.497<br>(0.59) | 6.049<br>(1.24) |
| ASSET | 7.208***<br>(3.48) | 6.651**<br>(2.08) | 4.845**<br>(2.17) | 2.658***<br>(6.08) | 18.85***<br>(7.38) |

续表

| 变量符号 | （行业 3）AR | （行业 4）AR | （行业 5）AR | （行业 6）AR | （行业 7）AR |
|---|---|---|---|---|---|
| AGE | −54.56*** (−3.27) | 244.6*** (14.55) | 8.565 (0.87) | −4.852*** (−3.59) | 12.93 (1.06) |
| STF | 1.055*** (2.99) | −0.552 (−0.25) | −2.744 (−0.70) | 7.467*** (4.41) | −17.16** (−2.53) |
| CF | −19.49** (−2.03) | 9.414 (0.33) | −20.72** (−2.45) | 0.283 (0.11) | −8.825 (−0.72) |
| MARGIN | 1.393** (2.10) | 1.198 (0.47) | 0.656 (0.07) | 2.543 (0.64) | −13.49 (−0.70) |
| RR | −0.00387 (−1.11) | −0.0547 (−1.26) | −0.0344** (−2.04) | −0.0134*** (−2.68) | −0.105*** (−3.92) |
| TURN | 10.30*** (4.33) | 5.582 (0.91) | 4.404 (1.54) | 1.326 (1.38) | 0.468 (0.10) |
| GDP | 0.873*** (3.90) | −2.915*** (−10.94) | 0.0977 (0.66) | 0.0931*** (3.77) | −0.220 (−1.09) |
| _cons | −54.63 (−0.96) | −641.3*** (−9.47) | −124.2** (−2.52) | −47.47*** (−5.48) | −411.2*** (−7.27) |
| 年度 | 控制 | 控制 | 控制 | 控制 | 控制 |
| $R^2$ | 0.3481 | 0.2397 | 0.2635 | 0.4093 | 0.2494 |
| $N$ | 468 | 202 | 543 | 115 | 690 |

注：括号内表示 $t$ 统计量，* $p<0.10$，** $p<0.05$，*** $p<0.01$。

（1）装备制造业近几年发展较为迅速，各企业依据自身客户资源和产品优势，通过融资租赁等形式，不断地开拓市场，销售收入取得了较快增长，这也在一定程度上导致了应收账款的增加。

（2）在激烈的竞争中，企业要想占有更多的市场份额，除了先进的技术和较好的产品质量之外，还要在销售策略上尽可能满足客户的要求。销售厂商可能会对那些信誉较好的客户采用降低首付比例或延长租赁偿付期限等方式来促成销售，这也会导致应收账款的增加。

**1. 公司规模变量**

公司规模 SIZE 对应收账款 AR 的影响为正，且在 1%的显著性水平下通过了检验。当公司规模变动 1%时，应收账款变动 8.546%，这与 Peterson 和

Rajan(1997)、J. Niskanen 和 M. Niskanen(2006)的结论是一致的。这说明在装备制造业中,规模较大的厂商更愿意为客户提供融资便利。因为规模大的厂商通常现金流比较充裕,他们有足够的资金来支持信用销售的方式。

**2. 公司年龄**

从表中可以看出,公司年龄 AGE 对应收账款 AR 的影响为正,且在 1%的显著性水平下通过了检验,当公司年龄变动 1%时,应收账款变动了 37.46%。这与 Peterson 和 Rajan(1997)、Khan 等(2006)的结论是一致的。说明厂商成立的时间越长,信誉也会越好,对客户了解的程度也就越高,这种情况下,厂商愿意扩大对那些信用记录良好的客户的销售,这在一定程度上导致了应收账款的增加。

**3. 短期融资能力**

短期融资能力 STF 对应收账款 AR 的影响为正,且在 1%的显著性水平下通过了检验,当短期融资能力增加 1%时,应收账款增加 0.78%。这与 Garcia-Teruel 和 Martinez-Solano(2010)的结论一致,这意味着当厂商有较多的短期资金时,往往愿意提供融资租赁等信用销售的方式,并允许较长的还款期,短期融资能力越强,应收账款也越高。这也说明,企业的资产和负债往往是匹配的。

**4. 内部融资能力**

内部融资能力 CF 对应收账款 AR 的影响为负,且在 1%的显著性水平下通过了检验,当内部融资能力变动 1%时,应收账款变动 −9.965%,这与 Peterson 和 Rajan(1997)、Garcia-Teruel 和 Martinez-Solano(2010)的结论是一致的,意味着厂商现金流不足,应收账款增加,但这个结果有些出乎意料。可能的原因是,当企业的现金流不足时,可能会通过融资租赁等信用销售的方式来促进销售收入,于是造成应收账款的增加。

**5. 价格歧视水平**

价格歧视 MARGIN 对应收账款 AR 的影响为正,且在 5%的显著性水平下通过了检验,这与 Peterson 和 Rajan(1997)的结论一致,说明厂商利润越高,其应收账款也越高。当该比例增加 1%时,应收账款增加 0.986%。这是因为当企业的利润较高时,企业可以在营销策略及销售渠道上有较多的支出,从而增加企业的销售收入,也在一定程度上导致了应收账款的增加。

**6. 销售增长率**

销售增长率 RR 对应收账款 AR 的影响为正,但在统计上并不显著,这与 Khan 等(2012)的结论一致。为了进一步比较销售增长率对应收账款的影响,我们采用了 J. Niskanen 和 M. Niskanen(2006)的方式,将销售增长率分为正负两种情况分别进行回归(如表 6.4 第 2,3 列所示),结果发现当销售增长率大于 0 时,其对应收账款的影响为正,但统计上并不显著。当销售增长率小于 0 时,其对应收账款的影响为负,且在 1%的显著性水平下通过了检验。这说明当厂商销售增长率较低时,厂商并不愿意扩大融资租赁等信用销售方式,只有在销售增长率较高时,企业才倾向于扩大信用销售方式,这与 Peterson 和 Rajan(1997)的结论是一致的。

**7. 产品质量**

从表中可以看出,产品质量变量 TURN 对应收账款 AR 的影响为正,且在 1%的显著性水平下通过了检验。当 TURN 增加 1%时,应收账款增加 3.032%,这意味着产品质量较好的厂商应收账款较高,更愿意采用融资租赁等信用销售的方式,这跟 Garcia-Teruel 和 Martinez-Solano(2010)的结论是一致的。

**8. 国内生产总值**

国内生产总值 GDP 对应收账款 AR 的影响为负,且在 1%的显著性水平下通过了检验,这说明当经济发展水平较高时,应收账款会减少;当经济形势不好时,客户经济效益受到影响,没有足够的资金按期向厂商支付货款,从而导致厂商有较高的应收账款。而当宏观经济转好时,企业经营好转,经济效益逐步提高,有充足的资金向厂商偿还贷款,于是厂商的应收账款减少,这与 Garcia-Teruel 和 Martinez-Solano(2010)、时艳娇(2010)的结论是一致的。

接着我们来看分行业的情况。

电气机械和器材制造业(行业 0)。从表 6.4 中的回归结果可以看出,电气机械和器材制造业中,融资租赁对应收账款的影响为负,使用融资租赁企业的应收账款比未使用融资租赁的企业少 1.081%,但在统计上并不显著。可能的原因在于,在电气机械和器材制造业中,使用融资租赁的企业较少,且都是最近几年才开始,尚未形成大量的应收账款,但该行业,包括电池设备、家用设备等,企业可能采取了其他的信用销售方式,比如赊销、分期付款等方式,导致了较多的应收账款。在这种情况下,使用融资租赁企业的应收账款可能小于没有使用融资租赁企业的应收账款。

计算机、通信和其他电子设备制造业(行业 1)。融资租赁对该行业应收账款的影响为正,且在 1%的显著性水平下通过了检验,该行业使用融资租赁企业的应收账款比未使用融资租赁的企业高 6.817%,这说明对计算机、通信和其他电子设备制造业来说,融资租赁非常显著地导致了应收账款的增加。

金属制品业(行业 2)。表 6.4 的回归结果显示,融资租赁对金属制品业应收账款的影响为正,使用融资租赁企业的应收账款比未使用融资租赁的企业高 0.4%,但在统计上并不显著,这说明在金属制品业中,融资租赁并没有显著地导致应收账款的提高,这可能是由于金属制品业中采取融资租赁方式较少造成的。

汽车制造业(行业 3)。从表中可以看出,融资租赁对汽车制造业应收账款的影响为正,且在 1%的显著性水平下通过了检验,使用融资租赁企业的应收账款比不使用融资租赁的企业高 35.14%。这是因为:

(1) 汽车制造业是一个竞争非常激烈的行业,就国内的情况看,国内客户更信赖那些信誉较好的国外品牌的汽车。于是,国内汽车制造行业要生存,除了提高生产技术以及售前售后服务之外,还要通过信用销售的方式来促销产品,以提高企业的销售收入。目前融资租赁是汽车制造企业使用较多的一种方式,由于企业通过融资租赁销售的门槛较低,虽然短时间达到了将汽车销售出去的目的,但由于销售资金没有及时收回,以至于形成了大量的应收账款。

(2) 由于汽车制造行业的客户大部分是自然人,有些客户信用意识较差,并不认真履行合同义务,不按时向厂商支付账款,这也在一定程度上导致汽车制造行业应收账款的增加。

铁路、船舶、航空航天和其他运输设备制造业(行业 4)。融资租赁对该行业的应收账款的影响为正,使用融资租赁企业的应收账款比未使用融资租赁的企业多 1.625%,但在统计上并不显著。可能的原因在于,该行业采用融资租赁销售产品的企业都是大型的企业,比如,中国南车、中国北车(目前中国南车和中国北车已合并为中国中车)、中国船舶等,这些企业通常有专门的应收账款管理部门,催收应收账款的能力较强,所以,融资租赁虽然与应收账款呈现正向影响关系,但并不显著。

通用设备制造业(行业 5)。融资租赁对通用设备制造业企业应收账款的影响为正,且在 1%的显著性水平下通过了检验,使用融资租赁企业的应收账款比未使用融资租赁的企业多 26.05%。可能的原因有:

(1) 通用设备制造业竞争非常激烈,不得不采用融资租赁等信用销售的方式来销售产品。

(2) 由于该行业的产品主要有起重机、专用车辆等,这些产品主要应用在施工企业,通常来说,施工企业的工程时间较长,而工程的质量保证金通常在项目结束之后才能结算,于是销售方的应收账款的期限较长,少则一年,多则十年以上,这便造成了通用设备制造业的应收账款增加。

仪器仪表制造业(行业6)。融资租赁对仪器仪表制造业的影响为正,使用融资租赁企业的应收账款比未使用融资租赁的企业多0.497%,但在统计上并不显著,可能的原因在于仪器仪表制造业采用融资租赁方式的企业较少。

专用设备制造业(行业7)。融资租赁对专用设备制造业的影响为正,使用融资租赁企业的应收账款比未使用融资租赁的企业多6.049%,但在统计上不显著。这是因为:

(1) 专用设备制造业非标准化产品较多,产品的价格也比较昂贵,并且产品的专用性较强。在一些情况下,厂商经常在产品销售之后的很长时间才能收款,比如因路途遥远导致运输时间较长等情况。这种销售时间和收款时间不一致的情况在专用设备制造业中是经常出现的,是造成应收账款提高的一个原因。

(2) 专用设备制造业为扩大销售规模,提高市场竞争力,大量使用融资租赁、分期付款等信用销售方式,在追求业绩增长的同时,忽略了销售的质量,当客户的生产经营遭遇困难时,应收账款便会快速增长。融资租赁对专用设备制造业应收账款的影响并不显著,可能的原因是该行业使用其他信用销售方式多于融资租赁方式。

通过与上一章回归结果的对比可以看出,就总体样本的回归结果看,融资租赁显著地促进了销售收入的提高,同时显著地导致了应收账款的增加。从各行业看,融资租赁对计算机、通信和其他电子设备制造业、铁路、船舶、航空航天和其他运输设备制造业以及通用设备制造业的销售收入增加有显著的促进作用,同时对计算机、通信和其他电子设备制造业和通用设备制造业的应收账款也有显著的影响。

### 6.2.6 内生性检验

与上一章内生性检验方法相同,这里仍采用Davidson和MacKinnon(1993)提出的方法来进行内生性检验。

我们采用工具变量法来检验融资租赁变量是否存在内生性,仍然引入其滞后一阶来作为工具变量。利用Davidson和MacKinnon(1993)的方法得到的$p$值为0.8052,无法拒绝原假设,因此可以认为该变量不存在内生性。

### 6.2.7　稳健性检验

为了进一步研究结果的可靠性，与前章类似，本部分也进行稳健性检验。首先我们采用与第5章类似的方法进行稳健性分析，即将样本按照不同的分类标准进行检验，这里我们按照短期融资能力、价格歧视因素和销售增长率进行分类。回归结果如表6.5.

**表6.5　稳健性回归结果**

| 变量符号 | 按照销售增长率 | | 按照短期融资能力 | | 按照价格歧视因素 | |
|---|---|---|---|---|---|---|
| | (1) | (2) | (3) | (4) | (5) | (6) |
| LS | 16.80*** (9.95) | 17.07*** (5.91) | 20.22*** (5.05) | 15.02*** (9.15) | 15.23*** (7.28) | 13.94*** (6.53) |
| ASSET | 6.956*** (9.41) | 8.055*** (11.05) | 10.75*** (7.63) | 8.657*** (12.67) | 7.394*** (7.18) | 10.39*** (13.28) |
| AGE | 48.45*** (11.21) | 19.62*** (4.07) | 157.7*** (14.70) | 39.77*** (9.91) | −11.61** (−2.06) | 96.86*** (16.90) |
| STF | 0.746 (1.31) | 0.876*** (4.63) | 0.293 (0.56) | −8.613*** (−3.15) | 1.133*** (2.73) | 0.458 (0.89) |
| CF | −6.784* (−1.86) | −5.689** (−2.05) | −10.95** (−2.13) | −7.784** (−2.34) | −15.99*** (−3.71) | −9.492*** (−2.69) |
| MARGIN | 20.32*** (3.53) | 0.986*** (2.83) | 0.266 (0.31) | 1.526 (0.47) | 1.168** (2.45) | −1.140 (−0.48) |
| RR | 0.000339 (0.81) | −0.0559*** (−2.83) | −0.0110 (−0.88) | 0.000439 (1.01) | 0.000510 (1.37) | −0.00400 (−1.42) |
| TURN | 2.563** (2.44) | 6.281*** (5.95) | 6.084*** (3.46) | 4.440*** (4.20) | 4.478*** (3.52) | 3.281*** (2.81) |
| GDP | −0.501*** (−7.62) | −0.137** (−2.10) | −1.605*** (−11.02) | −0.440*** (−7.46) | 0.228** (2.49) | −1.078*** (−13.99) |
| _cons | −249.5*** (−14.82) | −216.2*** (−11.88) | −583.0*** (−15.77) | −263.5*** (−17.05) | −136.8*** (−5.88) | −427.3*** (−21.89) |
| 年度 | 控制 | 控制 | 控制 | 控制 | 控制 | 控制 |
| $R^2$ | 0.2413 | 0.2938 | 0.4545 | 0.1911 | 0.2114 | 0.3151 |
| $N$ | 3111 | 1223 | 940 | 3394 | 1984 | 2350 |

注：括号内表示 $t$ 统计量，* $p<0.10$，** $p<0.05$，*** $p<0.01$。

表 6.5 前两列是按照短期融资能力来进行分类得到的回归结果，可以看到融资租赁对应收账款的影响均为正，且在 1% 的显著性水平下通过了检验，其他变量的结果也基本一致，可见短期的融资水平并没有影响到融资租赁对应收账款的影响。第 3 和第 4 列是按照价格歧视因素进行分类的回归结果，从结果中看到融资租赁对应收账款的影响均为正，且在 1% 的显著性水平下通过了检验，其他变量系数的大小和显著性基本一致，说明价格歧视因素没有影响到融资租赁对应收账款的影响。同样的道理，在最后两列的结果中，融资租赁对应收账款的影响均为正，且在 1% 的显著性水平下通过了检验，其他变量的结果也基本一致。

## 6.3 应收账款质量评价

通过上一章以及本章第 1 节的内容，我们发现融资租赁促进了企业销售收入的增加，同时融资租赁对应收账款也有直接的影响。对于企业来说，应收账款随着销售收入的增加而增加，是十分正常的，但我们要关注的是企业在使用融资租赁后应收账款的质量是否发生了改变。如果应收账款的增加使得企业的利润增加，并且应收账款变现能力也较强，则说明应收账款的质量是很高的。反之，如果应收账款的增加使得企业有较高的市场占有率，但变现能力非常差，则说明该企业应收账款质量不好，意味着企业存在着很大的风险。本节通过因子分析法来评价装备制造业中使用融资租赁和未使用融资租赁的企业的应收账款质量。

与上一节类似，本部分也分为两种情况，第一种情况是评价厂商合并报表中应收账款的质量，第二种情况是评价应收账款扣除融资租赁子公司产生的应收账款后的质量。下面，主要讨论第一种情况，第二种情况放在附录里。

### 6.3.1 应收账款质量评价指标

根据张君怡(2016)、王洪海等(2016)、蔡香梅(2010)等文献的研究，本文选用以下几个指标来综合评价企业的应收账款质量。

(1) 应收账款占流动资产的比例($Y_1$)：

$$Y_1 = \frac{\text{应收账款}}{\text{流动资产}} \tag{6.2}$$

该比例反映企业对流动资产的管理情况。当该比值过大时，说明应收账款可能占用了较多的资金，企业的现金流可能不充足，会对企业的生产经营活动、投资和融资产生影响。该比值 $Y_1$ 为逆指标，当 $Y_1$ 越大，意味着应收账款质量越不好；反之，若 $Y_1$ 的值越小，则说明应收账款的质量越好。

(2) 应收账款占主营业务收入的比例（$Y_2$）：

$$Y_2 = \frac{\text{应收账款}}{\text{主营业务收入}} \tag{6.3}$$

该比例反映了在主营业务收入中有多大比例是通过信用销售的方式来实现的，可以对企业的销售质量有较好的评价。对企业来说，信用销售虽然可以促进销售收入的增加，进而增加企业的利润，但增加的利润可能无法为企业带来现金流入。比如，若该指标为 10%，说明在每 100 元主营业务收入中有 10 元是通过信用销售获得的；若该指标为 60%，说明在每 100 元主营业务收入中有 60 元是通过信用销售获得的。可以看出，该指标与 $Y_1$ 类似，为逆指标，当 $Y_2$ 的值越小，说明应收账款的质量越好；反之，当 $Y_2$ 的值越大，则应收账款的质量越不好。

(3) 坏账损失率（$Y_3$）：

$$Y_3 = \frac{\text{当年坏账损失}}{\text{应收账款}} \tag{6.4}$$

坏账指的是企业无法收回或者收回的概率较小的应收款，是企业最直接的损失，该比例反映的是应收账款中无法收回的账款所占的比例。比如，若该比例为 1%时，说明每 100 元应收账款有 1 元是无法收回或者难以收回的；若该比例为 5%，说明每 100 元应收账款中有 5 元是无法收回或难以收回的。可见，该指标也为逆指标，当 $Y_3$ 的值越大，说明应收账款的质量越差；反之，若 $Y_3$ 的值越小，则说明应收账款的质量越好。

(4) 呆账率（$Y_4$）：

$$Y_4 = \frac{\text{呆账}}{\text{应收账款}} \tag{6.5}$$

呆账指的是到了收款期限却无法按时收回，有可能转化为坏账的应收款。为了方便度量，本部分采用王洪海等(2016)的处理方式，将账龄 3 年及 3 年以上的应收账款定义为呆账，这是因为根据目前国外的处理方式，当账龄超过 3 年时，由于收回的可能性较低，通常将其全部计提坏账准备。该比例反映了应收账款中账龄为3年及3年以上的应收账款所占的比例，该指标与坏账损失率相似，为逆指标，当呆账率的值越高时，则说明无法收回的应收账款占应收账款总额的比例越高，应收账款变现能力则越差；当呆账率的值越低时，则说明无法收回的应收账款占应收账款总额的比例越小，应收账款的变现能力越强。简而言之，当呆账率的值越高，应收账款的质量越差；当呆账率的值越低，应收账款的质量越好。该指标从应收账款发生坏账的角度来衡量其质量，是判断应收账款质量的一个重要指标。

(5) 1年以上应收账款占应收账款总额的比例($Y_5$)：

$$Y_5 = \frac{\text{一年以上应收账款}}{\text{应收账款}} \tag{6.6}$$

应收账款的账龄对应收账款质量的评价有着重要的作用，账龄越长，意味着应收账款无法收回的可能性就会增加。当应收账款的账龄较短时(通常不超过1年)，一般来说，收回的可能性非常大，其转化为现金流的可能性也非常高，说明其变现能力比较强。当应收账款的账龄超过1年时，已经不再属于流动资产的范畴。当应收账款的账龄非常长时，难以收回的概率就会增加，无法及时地转化为货币资金，意味着变现能力非常弱。该指标同样为逆指标，当 $Y_5$ 的值越高时，说明应收账款的变现能力弱，其质量也越差；当 $Y_5$ 的值越低时，说明应收账款的变现能力越强，其质量也越好。

(6) 应收账款周转率($Y_6$)：

$$Y_6 = \frac{\text{主营业务收入}}{\text{平均应收账款余额}} \tag{6.7}$$

应收账款周转率反映该企业应收账款周转的速度，表示在某个时期内应收账款转化为货币资金的次数。该指标为正指标，即周转率越高，应收账款的周转天数越少，其流转的速度也越快，说明应收账款的质量越高；反之，若应收账款周转率越低，应收账款的周转天数越多，其流转的速度也就越慢，说明应收账款的质量越差。

(7) 平均账龄($Y_7$)：

$$Y_7 = \sum_i \text{age}_i \cdot \text{prop}_i \tag{6.8}$$

其中，$\text{age}_i$ 表示不同的账龄；$\text{prop}_i$ 表示每个账龄所对应的应收账款占应收账款总额的比例。按照目前上市公司年报的披露信息，通常将账龄分为1年以内、1年至2年、2年至3年、3年以上。为了便于度量，将1年以内的账龄记为0.5年，将1年至2年之间的账龄记为1.5年，2年至3年之间的账龄记为2.5年，3年以上的账龄记为3.5年。该指标反映了企业账龄的平均情况，为逆指标，当该指标的值越大，说明平均账龄越长，无法收回的可能性就会增加，则应收账款的质量越差；反之，若该指标的值越小，说明平均账龄越短，无法收回的可能性不会很高，则应收账款的质量越好。

### 6.3.2　评价方法的选择与步骤

根据蔡香梅(2010)、王洪海等(2016)的研究，因子分析法是评价应收账款质量的一种较好的方法。目标是用较少的因子去描述多指标间的影响，换句话说，就是把相关程度较高的指标归类放在一起，每一类称为一个因子，这样就可以用较好的因子反映全部指标尽可能多的信息。就本部分来说，我们首先选取应收账款质量的评价指标，通过因子分析法来构造若干个因子来表示应收账款质量的几个方面，并通过各个因子的方差贡献率来定义综合评价函数，并计算每个样本企业的综合得分，通过对综合得分进行排序，便可以得到样本企业应收账款质量的情况。

使用因子分析法对应收账款质量进行分析的步骤主要包括：

(1) 对选择的样本指标进行计算，并进行一致化处理。

(2) 确定因子变量。

(3) 对因子载荷矩阵作旋转，使因子变量具有更合理的解释。

(4) 计算因子得分。

### 6.3.3　样本选择与数据分析

**1. 样本选择与数据来源**

仍然选取我国 A 股装备制造业上市公司为样本，样本区间为 2008—2014 年。本章数据包括应收账款、流动资产、主营业务收入、坏账、呆账、账龄等，主要数据来源为 Wind 资讯。实证研究使用软件 Stata 12。

**2. 描述性统计**

表 6.6 反映了应收账款质量评价指标的描述性统计。

从表 6.6 可以看出，变量应收账款占流动资产的比例平均值为 26.2426，说明在样本企业中，应收账款占流动资产的比例平均为 26.2426%。最小值为 0，最大值为 95.7528，标准差为 13.5945，可见在选取的样本中不同企业的应收账款占流动资产的比例有较大的差异，说明不同的企业对流动资产的管理有很大的差异。

变量应收账款占主营业务收入的比例 $Y_2$ 平均值为 29.7238，说明在样本企业中，应收账款占主营业务收入的比例平均为 29.7238%，即在主营业务收入中有 29.7238%是通过信用销售实现的。最小值为 0，最大值为 252.1249，标准差为 22.2555，说明在装备制造业中，应收账款占主营业务收入的比例有很大的不同，这是由于不同企业的营销策略不同造成的。

**表 6.6 描述性统计**

| 变量 | 平均值 | 标准差 | 最小值 | 最大值 |
|---|---|---|---|---|
| $Y_1$ | 26.2426 | 13.5945 | 0 | 95.7528 |
| $Y_2$ | 29.7238 | 22.2555 | 0 | 252.1249 |
| $Y_3$ | 2.2737 | 6.8390 | −55.7974 | 159.8329 |
| $Y_4$ | 3.2954 | 11.8098 | 0 | 255.4815 |
| $Y_5$ | 33.7011 | 35.8146 | 0 | 100 |
| $Y_6$ | 8.5831 | 23.8485 | 0.0041 | 653.2039 |
| $Y_7$ | 0.7384 | 0.3287 | 0.00005 | 3.4990 |

坏账损失率 $Y_3$ 的平均值为 2.2737，即在样本企业中，难以收回或无法收回的平均应收账款占应收账款总额的 2.2737%。标准差为 6.8390，最小值为 −55.7974，最大值为 159.8329，可见样本中坏账损失率存在很大的不同，说明不同的企业对应收账款的收回效率和债权管理能力有很大的区别。主要原因在于，一方面，在装备制造业中，不同企业的销售策略有巨大的区别；另一方面，由于企业规模的差异，其经营和管理水平也会有差异，对信用销售业务的管理也存在差别。

呆账率 $Y_4$ 的平均值为 3.2954，即在样本企业中，账龄超过 3 年的应收账款占应收账款总额的 3.2954%。其最小值为 0，最大值为 255.4815，标准差为 11.8098，说明不同企业的呆账率差异较大，这是由于企业的管理水平不同造成的。

变量 1 年以上应收账款占应收账款总额的比例 $Y_5$ 平均值为 33.7011，即账龄在 1 年以上的应收账款占应收账款总额的 33.7011%。其最小值为 0，最大值为 100，标准差为 35.8146，可见不同企业应收账款的变现能力有较大的差异。

应收账款周转率 $Y_6$ 的平均值为 8.5831，即在样本企业中，应收账款转化为货币资金的平均次数为 8.5831 次。应收账款周转率最小值为 0.0041，最大值为 653.2039，标准差为 23.8485，说明企业在催收账款方面有很大的不同，对资产管理的重视程度也不同。

平均账龄 $Y_7$ 的平均值为 0.7384，即样本企业收回应收账款的平均时间为 0.7384 年。平均账龄的最小值为 0.00005，最大值为 3.4990，标准差为 0.3287，可见企业的账龄也存在较大的不同。

### 3. 变量的相关性检验

表 6.7 是变量的相关性检验结果，可以看出变量之间存在一定的相关性，变量应收账款占流动资产的比例与变量应收账款占主营业务收入的比例的相关系数为 0.5464，平均账龄与呆账率的相关系数为 0.6356，平均账龄与变量 1 年以上应收账款占应收账款总额的比例的相关系数为 0.4886，符合因子分析法的要求。

**表 6.7　相关性检验**

| 变量 | $Y_1$ | $Y_2$ | $Y_3$ | $Y_4$ | $Y_5$ | $Y_6$ | $Y_7$ |
|---|---|---|---|---|---|---|---|
| $Y_1$ | 1.0000 | | | | | | |
| $Y_2$ | 0.5464 | 1.0000 | | | | | |
| $Y_3$ | −0.0033 | 0.0930 | 1.0000 | | | | |
| $Y_4$ | −0.0723 | −0.0311 | 0.1595 | 1.0000 | | | |
| $Y_5$ | 0.0286 | 0.3120 | 0.2259 | 0.3609 | 1.0000 | | |
| $Y_6$ | −0.3215 | −0.2829 | −0.0422 | 0.0510 | −0.0459 | 1.0000 | |
| $Y_7$ | 0.0098 | 0.2405 | 0.2182 | 0.6356 | 0.4886 | −0.0571 | 1.0000 |

### 4. 指标的一致化处理

在选取的指标中，有些指标为正指标，有些指标为逆指标，为了便于分析，将所有的指标都转化为正指标，转化的结果如表 6.8 所示。

**表 6.8　指标一致化处理结果**

| 原变量 | 指　标　名　称 | 性　质 | 变量关系 | 新变量 |
|---|---|---|---|---|
| $Y_1$ | 应收账款占流动资产比例 | 逆指标 | $X_1 = 1 - Y_1$ | $X_1$ |
| $Y_2$ | 应收账款占主营业务收入比例 | 逆指标 | $X_2 = 1 - Y_2$ | $X_2$ |
| $Y_3$ | 坏账损失率 | 逆指标 | $X_3 = 1 - Y_3$ | $X_3$ |
| $Y_4$ | 呆账率 | 逆指标 | $X_4 = 1 - Y_4$ | $X_4$ |
| $Y_5$ | 1 年以上应收账款占总应收账款比例 | 逆指标 | $X_5 = 1 - Y_5$ | $X_5$ |
| $Y_6$ | 应收账款周转率 | 正指标 | $X_6 = Y_6$ | $X_6$ |
| $Y_7$ | 平均账龄 | 逆指标 | $X_7 = 1/Y_7$ | $X_7$ |

### 5. 因子提取

表 6.9 反映的是因子的特征值和方差贡献率，从表 6.9 可以看出，前三个因子的特征值大于 1，累计方差贡献率达 65.56%，也就是说，若提取三个公因子，这三个公因子的方差贡献率为 65.56%。

**表 6.9　特征值和方差贡献率**

| 因子数 | 初始情形 | | | 因子旋转后的情形 | | |
|---|---|---|---|---|---|---|
| | 特征值 | 方差贡献率 | 累计方差贡献率 | 特征值 | 方差贡献率 | 累计方差贡献率 |
| 1 | 1.6852 | 0.2407 | 0.2407 | 1.6489 | 0.2356 | 0.2356 |
| 2 | 1.6052 | 0.2293 | 0.4701 | 1.6025 | 0.2289 | 0.4645 |
| 3 | 1.2985 | 0.1855 | 0.6556 | 1.3375 | 0.1911 | 0.6556 |
| 4 | 0.9086 | 0.1298 | 0.7854 | | | |
| 5 | 0.7068 | 0.1010 | 0.8863 | | | |
| 6 | 0.4163 | 0.0595 | 0.9458 | | | |
| 7 | 0.3794 | 0.0542 | 1.0000 | | | |

### 6. 因子旋转

在提取因子后，由于因子和原来的变量之间的关系不是很突出，为了使各个因子代表的变量更加突出，我们需要对初始因子进行旋转。表 6.10 是旋转后的因子载荷矩阵，从表 6.10 可以看出，第 1 个因子由应收账款占流动资产的比例、应收账款占主营业务收入的比例、1 年以上应收账款占应收账款总额的比例、应收账款周转率等四个变量组成，这四个变量都跟企业的营运状况有关，因此将其命名为营运状况因子。第 2 个因子由坏账损失率构成，该变量反映的是公司实际发生的坏账损失，将其命名为实际发生坏账因子。第 3 个因子由呆账率和平均账龄有关，该变量反映了企业应收账款的账龄状况，故将其命名为账龄状况因子。各因子的含义及构成如表 6.11。

**表 6.10　旋转后的因子载荷矩阵**

| 指　标 | 因 子 1 | 因 子 2 | 因 子 3 |
|---|---|---|---|
| $X_1$ | 0.7822 | −0.0674 | −0.1759 |
| $X_2$ | 0.8947 | −0.0157 | 0.0002 |
| $X_3$ | −0.0222 | 0.8847 | 0.0314 |
| $X_4$ | −0.0052 | −0.0018 | 0.7736 |

续表

| 指　　标 | 因 子 1 | 因 子 2 | 因 子 3 |
|---|---|---|---|
| $X_5$ | 0.4439 | 0.1982 | 0.4234 |
| $X_6$ | 0.1968 | 0.0391 | −0.7258 |
| $X_7$ | 0.0202 | −0.8800 | 0.0337 |

**表 6.11　应收账款质量评价因子的含义及构成**

| 因子 | 名　称 | 构　　　成 |
|---|---|---|
| 1 | 营运状况因子 | 应收账款占流动资产的比例;应收账款占主营业务收入的比例;一年以上应收账款占应收账款总额的比例 |
| 2 | 实际发生坏账损失 | 坏账损失率 |
| 3 | 账龄状况因子 | 呆账率;平均账龄 |

根据因子载荷矩阵,我们可以得到相应的因子模型:

$$\begin{cases} X_1 = 0.7822\text{factor}_1 - 0.0674\text{factor}_2 - 0.1759\text{factor}_3 \\ X_2 = 0.8947\text{factor}_1 - 0.0157\text{factor}_2 + 0.0002\text{factor}_3 \\ X_3 = -0.0222\text{factor}_1 + 0.8847\text{factor}_2 + 0.0314\text{factor}_3 \\ X_4 = -0.0052\text{factor}_1 - 0.0018\text{factor}_2 + 0.7736\text{factor}_3 \\ X_5 = 0.4439\text{factor}_1 + 0.1982\text{factor}_2 + 0.4234\text{factor}_3 \\ X_6 = 0.1968\text{factor}_1 + 0.0391\text{factor}_2 - 0.7258\text{factor}_3 \\ X_7 = 0.0202\text{factor}_1 - 0.8800\text{factor}_2 + 0.0337\text{factor}_3 \end{cases} \tag{6.9}$$

**7. 因子得分**

因子得分指的是各因子 $\text{factor}_1$、$\text{factor}_2$、$\text{factor}_3$ 在原有变量处的得分。之所以要计算因子得分,是因为我们可以用它来对研究的对象进行排名,并可以用它来代替原有变量进行问题分析。表 6.12 是因子得分系数矩阵,于是得到相应的因子得分函数:

$$\begin{cases} \text{factor}_1 = 0.4686\,X_1 + 0.5449\,X_2 - 0.0108\,X_3 + 0.0307\,X_4 \\ \qquad + 0.2892\,X_5 + 0.0882\,X_6 + 0.0125\,X_7 \\ \text{factor}_2 = -0.0357\,X_1 - 0.0085\,X_2 + 0.5521\,X_3 - 0.0242\,X_4 \\ \qquad + 0.1119\,X_5 + 0.0464\,X_6 - 0.5511\,X_7 \\ \text{factor}_3 = -0.0961\,X_1 + 0.0398\,X_2 - 0.0038\,X_3 + 0.5817\,X_4 \\ \qquad + 0.3320\,X_5 - 0.5385\,X_6 + 0.0525\,X_7 \end{cases} \tag{6.10}$$

**表 6.12 因子得分系数矩阵**

| 指　　标 | 因 子 1 | 因 子 2 | 因 子 3 |
|---|---|---|---|
| $X_1$ | 0.4686 | -0.0357 | -0.0961 |
| $X_2$ | 0.5449 | -0.0085 | 0.0398 |
| $X_3$ | -0.0108 | 0.5521 | -0.0038 |
| $X_4$ | 0.0307 | -0.0242 | 0.5817 |
| $X_5$ | 0.2892 | 0.1119 | 0.3320 |
| $X_6$ | 0.0882 | 0.0464 | -0.5385 |
| $X_7$ | 0.0125 | -0.5511 | 0.0525 |

在此基础上,为了评价样本中应收账款质量,接下来计算综合因子得分:

$$\begin{aligned}\text{score} &= \frac{\sum_i \theta_i \cdot \text{factor}_i}{\sum_i \theta_i} \\ &= \frac{0.2356 \times \text{factor}_1 + 0.2289 \times \text{factor}_2 + 0.1911 \times \text{factor}_3}{0.2356 + 0.2289 + 0.1911} \end{aligned} \tag{6.11}$$

其中,$\theta_i$ 是各个因子相应的方差贡献率。

表 6.13 列出了使用融资租赁的企业与未使用融资租赁企业的应收账款质量的前 15 名。通过表 6.13 可以看出,与未使用融资租赁的企业相比,使用融资租赁的企业应收账款质量较差,说明企业在引入融资租赁业务后,增加了应收账款的回收难度。在装备制造企业中,制造商以融资租赁方式销售产品时,一般是通过控股的融资租赁子公司、同系附属融资租赁公司或独立第三方融资租赁公司,在融资租赁的业务中,融资租赁公司通常与生产厂商达成某些承诺。以目前厂商租赁中较为典型的三一重工和中联重科为例,三一重工与合作的融资租赁公司有以下交易承诺:湖南中宏融资租赁公司和康富国际租赁公司(两者均隶属三一集团)将应收融资租赁款出售给合作的银行,如果承租人在约定的还款期内未能按照合同的内容偿付租金,则湖南中宏融资租赁公司和康富国际租赁公司承担向合作的银行回购余下的应收融资的义务,母公司三一集团有限公司对湖南中宏融资租赁公司和康富国际租赁公司回购应收融资租赁款负有担保责任;若湖南中宏融资租赁公司、康富国际租赁公司和三一集团有限公司都无法履行相应的义务,则三一集团须回购合同中的租赁标的物。换句话说,三一重工对融资租赁公司承担最终的担保责任,如果承租人无法按时支付租金而出现违约,三一重工须履行回购租赁物的义务。当三一重工与独立第三

方融资租赁公司合作时，通常由第三方融资租赁公司与三一重工签订买卖合同，与承租客户签订融资租赁合同。第三方融资租赁公司委托三一重工的关联企业湖南中宏融资租赁公司代为管理承租人并收取租金。湖南中宏融资租赁公司委托合作的银行按时代扣相应的租金，并向第三方融资租赁公司提供相应的担保责任。与三一重工相比，中联重科略有不同。在2010年10月之后，在提供融资租赁业务时，中联重科采用由其控股的融资租赁子公司和第三方融资租赁公司联合租赁的方式。第三方融资租赁公司与中联重科达成承诺，若承租人无法按时偿还租金，中联重科应向该融资租赁公司支付承租人所欠应收融资租赁款的部分份额。也就是说，中联重科对部分的合同提供联合担保。我们可以看到，通过融资租赁，生产商将承租人违约的风险转嫁给了融资租赁公司，但生产商须承担回购的责任。若融资租赁公司为生产商的控股子公司，融资租赁公司承担的信用风险依然体现在生产商的财务报表上。于是，当承租人出现违约时，融资租赁公司的应收账款便会明显增加，最终表现在生产商的合并报表上。

**表6.13　综合因子得分及排名**

| 排　名 | 应　收　账　款　质　量 | |
|---|---|---|
| | 综合因子得分(使用租赁) | 综合因子得分(未使用租赁) |
| 1 | 0.5870 | 0.7146 |
| 2 | 0.5857 | 0.7097 |
| 3 | 0.5794 | 0.6942 |
| 4 | 0.5761 | 0.6880 |
| 5 | 0.5075 | 0.6842 |
| 6 | 0.5050 | 0.6810 |
| 7 | 0.4965 | 0.6706 |
| 8 | 0.4854 | 0.6702 |
| 9 | 0.4839 | 0.6701 |
| 10 | 0.4838 | 0.6697 |
| 11 | 0.4452 | 0.6679 |
| 12 | 0.4347 | 0.6668 |
| 13 | 0.3996 | 0.6594 |
| 14 | 0.3722 | 0.6581 |
| 15 | 0.3707 | 0.6573 |

图 6.1 反映了 2008—2014 年应收账款质量和融资租赁合同余额增量的趋势和关系图。从图可以看出，2008—2010 年，应收账款质量相对较好，并没有出现下降的情况，但 2010 年之后应收账款质量开始下降，2011 年之后更为明显。这跟那些年我国融资租赁的发展是分不开的，2009 年之前，我国装备制造业使用融资租赁方式的还不多，应收账款占营业收入的比例不高。2010 年之后，装备制造业的厂商为扩大销售，提高市场占有率，许多生产商成立了融资租赁公司，为终端用户提供融资租赁销售服务，融资租赁的销售比例也迅速增加。融资租赁属于中长期业务，租赁期通常有 3 年甚至更长时间，在租赁期内，出租人存在着不能按时收回租金的可能性。如果出租人在承租人违约后，未能通过有效途径收回应收账款，此时应收账款便会转化为呆账坏账，意味着应收账款质量的下降。从图中可以发现，2011 年之后，我国融资租赁合同余额增量增长较快，应收账款质量也下降得很快。另一方面，我国宏观经济那几年发展不景气，承租人的经营状况恶化，盈利能力变弱，应收账款无法收回的可能性逐步增加。据中国工程机械协会统计，在 2012 年，我国装备制造业部分行业平均违约率高达 25%以上，某些较严重的地区，其违约率达 70%以上，这也在很大程度上导致 2012 年后应收账款质量的迅速下降。

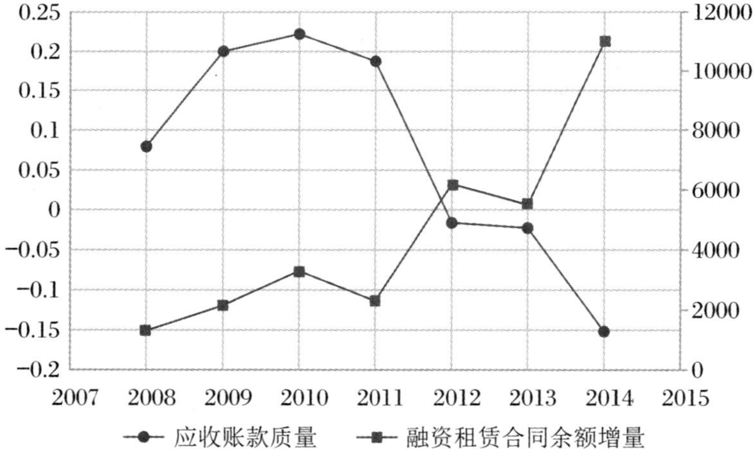


**图 6.1 应收账款质量和融资租赁合同余额增量的趋势和关系图**

图 6.2 反映了使用融资租赁业务的各个行业的应收账款情况，从图 6.2 可以看出，汽车制造业、仪器仪表制造业、金属制品业、计算机、通信和其他电子设备制造业的应收账款相对较好，其中汽车制造业应收账款质量最好。相比之下，电气机械和器材制造业、通用设备制造业、铁路、船舶、航空航天和其他运输

设备制造业、专用设备制造业的应收账款质量较差。

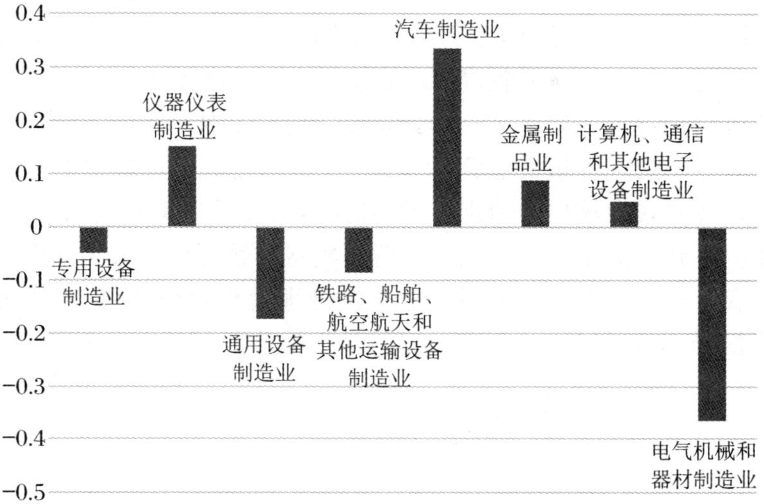


**图 6.2　装备制造业各行业应收账款质量**

首先我们来看汽车制造业的情况。近年来，我国城镇化进程加快，交通环境日益改进，居民的收入也在不断增加，汽车由以前的奢侈品向大众化产品转变。中央政府和地方政府对汽车行业也实施相应的扶持政策，使得人们对汽车的需求快速增长，而我国的汽车需求仍有很大的增长空间。正是由于汽车需求的日益增长，众多的汽车制造商才加大了对汽车生产规模的投资。

从近些年的情况看，汽车制造商纷纷设立融资租赁公司。比如大众汽车设立新动力公司，该公司主要负责拓展大众汽车的融资租赁市场；东风日产成立了易租车，从事租赁业务。汽车制造商进入融资租赁市场有非常明显的优势：

(1) 汽车制造商可能比独立第三方融资租赁公司的知名度高，汽车的车型、数量也较多，能够满足更多人对车的需求。

(2) 汽车制造商的销售网络比其他融资租赁公司广，服务也更好，借助这个优势，能够降低建立融资租赁网络的成本，进而为用户提供租车的便利。

(3) 汽车制造商生产能力强，售后服务好，可以为租赁的车辆提供较好的质量保证。

(4) 与其他的融资租赁公司相比，汽车制造商资金较充足，可以为其设立的融资租赁子公司提供更多的产品。

正是由于这些优势，汽车制造商纷纷涉足融资租赁业务。

在汽车制造商或经销商与客户签订融资租赁合同之后，便面临着管理各种风险。汽车融资租赁面临的风险主要有信用风险、市场风险、操作风险、流动性风险等，其中信用风险是汽车融资租赁面临的主要风险。从图 6.2 的情况看，汽车融资租赁应收账款质量较高，是因为跟其他行业相比，汽车融资租赁公司对产品的风险控制较为严格，一方面车辆装有 GPS 卫星定位系统，另一方面公司通常设立专门的融资租赁运营管理部门，并建立了租赁车辆的管理流程，从交易初期就及时观察承租人使用车辆的情况，以便于当承租人无法按时支付租金时有相应的处理措施。以某汽车制造商成立的融资租赁公司为例，该公司根据不同的安全程度设置了 3 个级别的车辆管理流程，分别是催收管理流程、预警管理流程、收车管理流程，各流程示意图见图 6.3 至图 6.5。

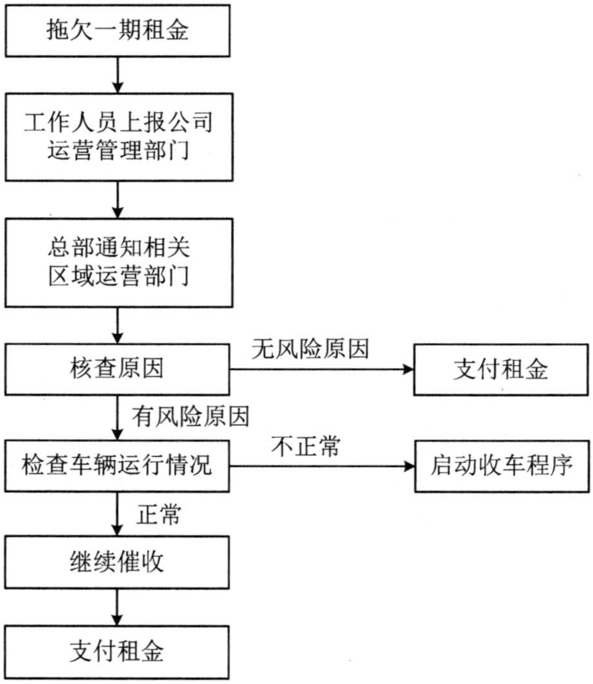


**图 6.3　催收管理流程图**

当承租人未按时支付一期租金时，公司便启动催收管理流程。财务部门的工作人员将未按时支付租金的承租人上报运营管理部门，运营管理部门将相关信息传递给相应区域的运营部门，区域的运营部门去了解承租人未按时偿付租金的原因，若工作人员发现仅仅是因为承租人忘记支付时间或因为出差等因素未按时支付，在运营部门工作人员提醒承租人之后即按时支付租金的，运营部

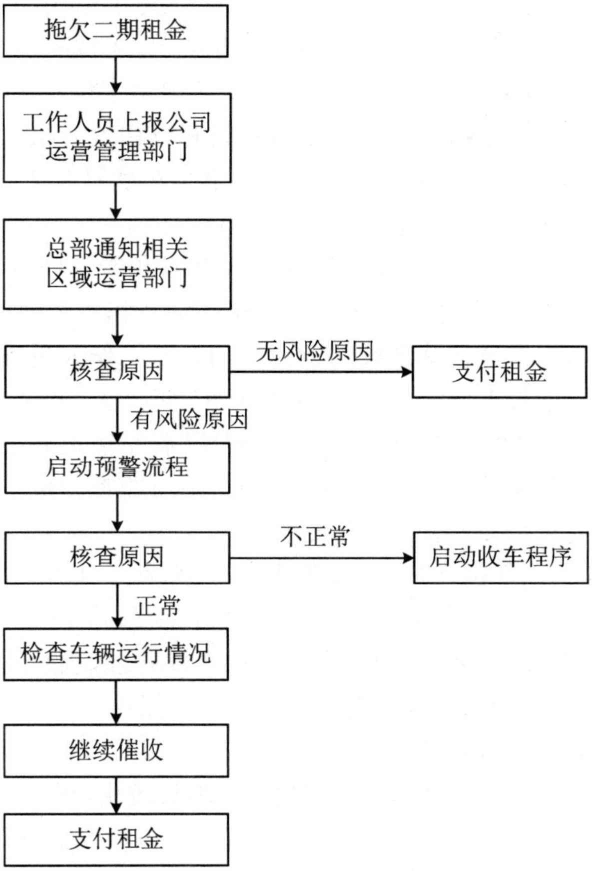


图 6.4　预警管理流程图

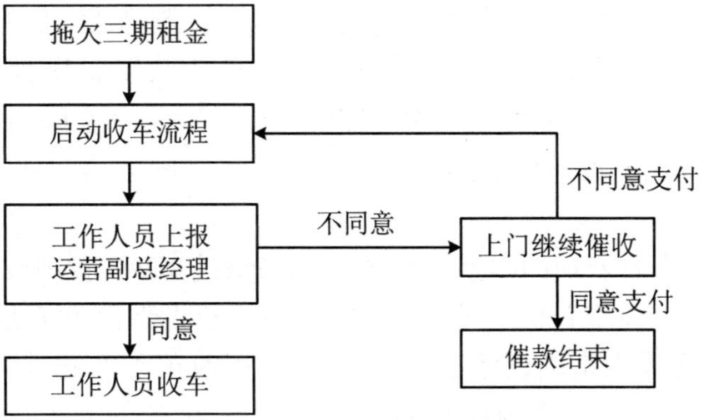


图 6.5　收车管理流程图

门可以认为这种行为并没有风险。若工作人员认为承租人经常以各种理由拖欠租金,甚至是承诺支付仍未按时缴纳租金等情况,运营部门就会认为这种行为是存在风险的。接下来工作人员需通过 GPS 卫星定位系统检查租赁车辆的行驶轨迹是否有异常,比如是否存在运营距离和以往差异很大、长时间未行驶等情况,若租赁车辆行驶并无异常,工作人员继续对承租人进行催收;若车辆行驶出现异常,则公司将启动收车流程。

当承租人未按时支付二期租金时,公司便启动预警管理流程。与催收管理流程类似,首先由财务部门的工作人员将相关的承租人信息交到运营管理部门,运营管理部门下发至相关区域的运营部门。若工作人员催收之后,承租人及时支付租金,则催收工作完成,若承租人仍继续拖欠,工作人员需检查车辆的运营情况,若车辆行驶出现异常,启动收车程序;若车辆运营正常,工作人员需上门催收租金并到车辆所在地检查车辆,同时随时监控租赁车辆的行驶情况,若承租人补缴了租金,则催款的工作完成。

若承租人拖欠三期租金时,公司将启动收车流程。工作人员将拖欠租金的承租人信息上报至主管运营部门的副总经理,若副总同意收车,则区域运营的工作人员做好收车准备,通过 GPS 系统定位车辆并强制收车。若副总不同意收车,工作人员需继续催收,若承租人支付租金,则催收工作结束;若仍未偿付,工作人员再次申请收车程序。

从以上内容可以看到,我国对汽车的需求增长较快,同时,汽车制造行业在涉足融资租赁业务时,一方面进行外部监督,另一方面实施内部控制。正是靠着对汽车需求的增长和严格的风险控制手段,在使用融资租赁的各行业中,汽车制造业的应收账款质量较好一些。

相比之下,电气机械和器材制造业、通用设备制造业、专用设备制造业、铁路、船舶、航空航天和其他运输设备制造业的应收账款质量较差。主要有以下原因:从宏观上看,我国近些年实施宏观调控,使得这些制造行业的市场需求减少;从微观上看,是由于出租人和承租人之间的信息不对称等因素造成的。

首先,我们来看宏观的因素。在 2008 年金融危机后,我国政府提出了扩大内需、促进经济平稳增长的若干措施,包括加快建设保障性安居工程、促进铁路、公路、机场等重大基础设施建设等,根据发展改革委的统计,这两项约占总投资的 50%。由于基础设施投资的扩大,对工程机械的需求迅速上升。设备制造商为了扩大销售规模,提高市场份额,大量使用融资租赁等销售方式,这对我国设备租赁市场的发展起到了促进作用。2011 年之后,随着我国宏观调控的出台，基础设施建设减速，对工程机械的需求也相应减少，承租企业的经营出现困难，难以按时偿还租金，于是开展融资租赁业务的出租人回收租金的压力逐渐增大。在厂商租赁模式中，体现在生产商的应收账款逐渐增加。

接着，来看微观的因素。由于我国当时的信用环境有待进一步提高，对个人的征信系统不完善，于是部分个人和企业缺少市场经济下的信用意识。对于我国电气机械和器材制造业、通用设备制造业、专用设备制造业、铁路、船舶、航空航天和其他运输设备制造业的用户来说，在从事融资租赁业务时，虽然出租人会提前了解承租人的经营情况，但很难全面掌握用户的所有信息。相比之下，承租人对融资租赁公司的了解是比较多的，这是因为融资租赁公司的很多信息都是公开的。某些承租人正是利用了融资租赁公司对其了解的信息不足，故意掩盖或伪造对自己不利的信息，从而导致逆向选择和道德风险等情况的出现，对出租人和制造商的经营带来不利。

一方面，设备市场竞争激烈，为了吸引更多的客户，有些出租人放松了条件，比如放松了承租人的信用标准、降低首付比例、延长还款时间等，并没有认真地考察承租人的实际需求和经营状况。那些经营经验不足和还款能力差的承租人利用这些优惠条件将设备引进公司，但由于出租人和承租人之间的信息不对称，并没有识别出这些潜在的风险，从而导致了回收租金风险的增加。同时，信息不对称对承租人的利益也会产生影响。因为当融资租赁公司在发现承租人存在伪造或掩盖不利信息甚至违约的情况，很可能拒绝该承租人的融资租赁业务。当其他承租人想与该融资租赁公司合作时，该公司可能对对方提供材料的真实性难以判断，为了减少风险，该融资租赁公司只能减少租赁业务，导致的结果是融资租赁公司提高审核标准，以至于有些本来能够按时支付租金的承租人却无法与融资租赁公司达成交易。

另一方面，融资租赁公司在将设备租给承租人之后，融资租赁公司无法全面了解承租人的实际情况，比如企业的经营情况、设备的实际收益等，这就产生了委托-代理关系，部分承租人可能会刻意隐藏企业的收入，故意拖欠租金等。

通过以上分析可以看出，在融资租赁业务中，融资租赁公司和承租人之间存在着不完美信息下的动态博弈。为了进一步理解以上内容，我们从博弈论的视角来观察在信息不对称情况下融资租赁公司和承租人的选择。为了解决这个问题，我们首先做出以下假设：

假设 1：参与方只有出租人和承租人双方。

假设 2：承租人分为两类：经营情况较好的企业和经营情况较差的企业，用 $E=\{G,NG\}$ 表示承租人的集合，其中 G 表示经营情况较好的企业，NG 表示经营情况较差的企业。

假设 3:所有承租人在跟出租人谈判时,都不会说自己是经营较差的企业,但向出租人承诺的设备收益有所不同。假设承租人向出租人提供的收益率分为两种,分别是高收益率和低收益率。用 $F=\{\mathrm{H},\mathrm{L}\}$ 来表示收益率的集合,其中 H 表示高收益率,L 表示低收益率。

假设 4:对于出租人来说,他们更关注承租人的经营状况,即属于经营状况较好的企业还是较差的企业。出租人根据以往的交易经验来判断经营状况较好的和经营状况较差的企业的概率分布情况。假设在提供高收益率的承租人中,经营状况较好的企业的概率为 $p$,经营状况较差的企业的概率为 $1-p$。在提供低收益率的承租人中,经营情况较好的企业的概率为 $q$,经营状况较差的企业的概率为 $1-q$,$0\leqslant p\leqslant 1$,$0\leqslant q\leqslant 1$。

假设 5:出租人根据承租人提供的设备收益率后,决定出租或者不出租,用 $K=\{\mathrm{Y},\mathrm{N}\}$ 来表示出租人的决策集合,其中 Y 表示出租,N 表示不出租。

图 6.6 是出租人和承租人的博弈树与收益矩阵。图中:

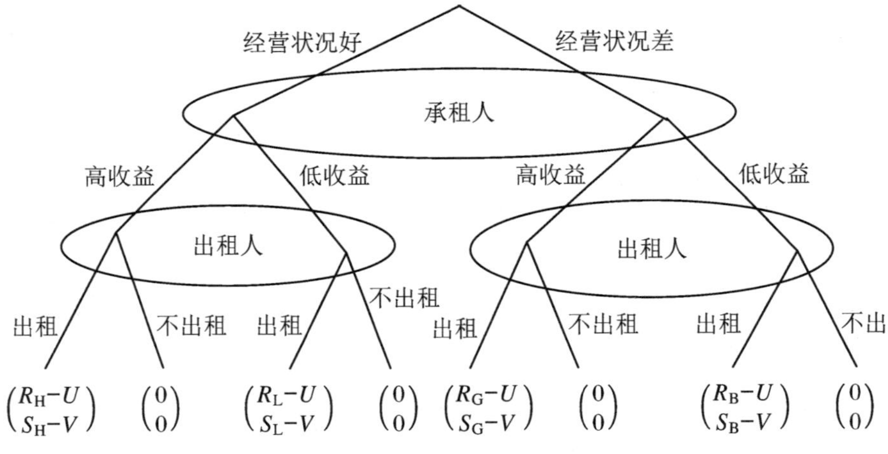


| 承租人 \ 出租人 | 出租 | 不出租 |
|---|---|---|
| 高 | $(R_H-U, S_H-V)$ | (0, 0) |
| 低 | $(R_L-U, S_L-V)$ | (0, 0) |

| 承租人 \ 出租人 | 出租 | 不出租 |
|---|---|---|
| 高 | $(R_G-U, S_G-V)$ | (0, 0) |
| 低 | $(R_B-U, S_B-V)$ | (0, 0) |

**图 6.6　出租人和承租人博弈树与收益矩阵**

(1) $R_H$,$R_L$ 分别指向出租人提供高收益率和低收益率的经营较好的出租人的期望收益;

(2) $R_G$,$R_B$ 分别指向出租人提供高收益率和低收益率的经营较差的出租人的期望收益；

(3) $S_H$,$S_L$ 指在经营状况较好的承租人中,分别从提供高收益率和低收益率的承租人获得的预期收益；

(4) $S_G$,$S_B$ 指在经营状况较差的承租人中,分别从提供高收益率和低收益率的承租人获得的预期收益；

(5) $U$:承租人的融资成本；

(6) $V$:出租人的机会成本。

接下来我们来看该博弈下的贝叶斯纳什均衡：

从承租人的角度看,对于经营状况较好的企业,在出租人愿意出租设备的前提下,提供高设备收益率的承租人获得收益为 $R_H - U>0$,提供设备低收益率的承租人获得的收益为 $R_L - U>0$。因此对经营状况较好的企业来说,希望可以从出租人处获得设备。类似地,对于经营状况较差的企业来说,也希望从出租人处获得设备。

从出租人的角度看,由于出租人并不知道承租人属于哪种类型,所以无法通过图6.6的收益矩阵做出决策。根据假设条件,出租人可以通过承租人提供的设备收益率来判断承租人的概率分布,从而计算相应的期望收益。

$$E(\text{出租} \mid \text{H}) = p(S_H - V) + (1 - p)(S_G - V) > 0 \tag{6.12}$$

$$E(\text{出租} \mid \text{L}) = q(S_L - V) + (1 - q)(S_L - V) > 0 \tag{6.13}$$

在这种情况下,出租人会做出出租设备的决策。

从以上分析可以看出,在信息不对称的条件下,出租人更倾向于将设备出租给承租人。即使当承租人刻意隐瞒企业的经营等状况,出租人无法获取这方面的信息,也同样做出同意出租的决策。在这种情况下,企业应收账款质量可能出现恶化的情况。

正是由于宏观因素和微观因素的存在,我国通用设备制造业、专用设备制造业、铁路、船舶、航空航天和其他运输设备制造业在从事融资租赁业务时,出现了相关的风险,导致了应收账款质量的下降。

## 6.4　融资租赁最优应收账款期限

通过前面章节的讨论,我们发现融资租赁对应收账款有着显著的促进作用，对应收账款质量也有着直接的影响。也就是说，在厂商成立融资租赁子公司进行销售产品时，不可以采用激进的融资租赁销售策略。于是，我们需要思考，如何寻找融资租赁业务中应收账款的最优期限。

在研究应收账款期限的文献中，最常见到的是经济订货批量模型(Economic Order Quantity,EOQ)。在最早的EOQ模型中，通常假设购买方在收到货物时立刻支付货款。但在实际业务中，这是很难做到的，于是便产生了信用期限的研究。Goyal(1985)在其文章中，研究了当销售方向购买方提供信用销售的EOQ模型，之后Aggarwal和Jaggi(1995)、Teng(2002)拓宽了Goyal(1985)的模型，以上文献主要从购买方的角度研究了信用销售的期限，Lou和Wang(2013)从销售方的视角出发研究了信用销售的期限，本节将在其基础上，探讨如何确定融资租赁业务中最优应收账款的期限。

## 6.4.1 符号及假设条件

本节采用以下符号：

$O$：每单位产品的订购费用(Ordering cost)；

$P$：每单位产品的购买成本(Purchasing cost)；

$M$：每单位产品的市场价格(Market price)；

$H$：每单位产品的持有成本(Holding cost)；

$T$：融资租赁业务中的应收账款期限。

一般来说，融资租赁的应收账款期限影响着消费者对产品的需求量，因此认为产品的需求量 $D$ 是关于 $T$ 的函数：

$D(T)$：产品的需求量；

$N$：销售商采购产品的数量；

$e(T,N)$：销售商的利润。

本节的假设条件有：

假设1：国家的宏观经济政策在较短时间内基本不变。这里主要包括短期内通货膨胀率基本稳定，存款利率、贷款利率基本不变。

假设2：当销售方融资租赁的应收账款期限越长，购买方对产品的需求越高。通常来说，应收账款期限越长，被认为是一种价格歧视。对生产厂商来说，采用不同的融资租赁方式，会有不同的租金支付方式，当应收账款的期限越长，用户的需求则越多。Jaggi等(2008)认为应收账款期限对产品的需求量有正向的影响，在现有的文献中，应收账款期限与产品需求量的关系有三种形式

(Lou,Wang,2013),线性形式、多项式形式和指数形式,这里采用 Lou 和 Wang(2013)中的指数形式,即

$$D(T) = Ae^{mT} \quad (A > 0, m > 0) \tag{6.14}$$

假设 3:当销售方应收账款期限越长,购买方违约率 $P_d(T)$越高。与前面类似,在现有的文献中,应收账款期限与违约率也有 3 种函数关系形式:线性形式、多项式形式和指数形式,这里采用 Lou 和 Wang(2013)中的指数形式,即

$$P_d(T) = 1 - e^{-nT} \quad (n > 0) \tag{6.15}$$

## 6.4.2 模型建立及求解

对于企业来说,其经营的目的在于最大化自己的收益。已知应收账款期限 $T$ 和采购数量 $N$,在给定的假定条件下,企业的净利润为

$$e(T,N) = M \cdot D(T)[1 - P_d(T)] - B \cdot D(T) - \frac{D(T)}{N} \cdot O - NH \tag{6.16}$$

将式(6.14)代入式(6.16),得

$$\begin{aligned} e(T,N) &= M \cdot Ae^{mT}[1 - (1 - e^{-nT})] - B \cdot Ae^{mT} - \frac{D(T)}{N} \cdot O - NH \\ &= MAe^{(m-n)T} - ABe^{mT} - \frac{D(T)}{N} \cdot O - NH \end{aligned} \tag{6.17}$$

为求出 $e(T,N)$的最大值,接下来求 $e(T,N)$关于 $N$ 的一阶条件:

$$\frac{\partial e(T,N)}{\partial N} = \frac{D(T) \cdot O}{N^2} - H$$

令

$$\frac{\partial e(T,N)}{\partial N} = 0$$

即

$$\frac{D(T) \cdot O}{N^2} = H$$

这表示每单位产品的持有成本和每单位产品的订购费用相等。

得出

$$N^* = \sqrt{\frac{D(T) \cdot O}{H}} \tag{6.18}$$

相应的二阶条件为

$$\left.\frac{\partial^2 e}{\partial N^2}\right|_{N=N^*}=-\frac{2}{(N^*)^3}D(T)\cdot O<0$$

于是，将(6.18)代入(6.17)，相应的利润表达式为

$$\begin{aligned}e(T)&=e(T,N^*)\\&=MA\mathrm{e}^{(m-n)T}-AB\mathrm{e}^{mT}-\frac{D(T)}{\sqrt{\frac{D(T)\cdot O}{H}}}\cdot O-\sqrt{\frac{D(T)\cdot O}{H}}H\\&=MA\mathrm{e}^{(m-n)T}-AB\mathrm{e}^{mT}-2\sqrt{D(T)\cdot OH}\end{aligned}\tag{6.19}$$

接下来计算最优应收账款期限 $T^*$，为此，对 $e(T)$关于 $T$ 求一阶导数：

$$\begin{aligned}\frac{\mathrm{d}e(T)}{\mathrm{d}T}&=MA(m-n)\mathrm{e}^{(m-n)T}-ABm\mathrm{e}^{mT}-2\sqrt{OH}\frac{\frac{\mathrm{d}D(T)}{D(T)}}{2\sqrt{D(T)}}\\&=MA(m-n)\mathrm{e}^{(m-n)T}-ABm\mathrm{e}^{mT}-m\sqrt{AOH\mathrm{e}^{mT}}\end{aligned}\tag{6.20}$$

根据假设条件参数的取值范围，可以知道 $ABm\mathrm{e}^{mT}>0$，$m\sqrt{AOH\mathrm{e}^{mT}}>0$，为了计算$\frac{\mathrm{d}e(T)}{\mathrm{d}T}$，分以下几种情况讨论：

(1) 当 $m\leqslant n$ 时，此时 $MA(m-n)\mathrm{e}^{(m-n)T}\leqslant 0$，于是

$$\frac{\mathrm{d}e(T)}{\mathrm{d}T}<0$$

即 $e(T)$是关于 $T$ 的递减函数，$T=0$ 时，$e(T)$取得最大值。

这说明当 $m\leqslant n$ 时，应收账款期限越长，利润越低，企业利润在应收账款期限为 0 时达到最大，即不能进行融资租赁业务。

(2) 当 $M(m-n)\leqslant Bm$ 时，此时

$$MA(m-n)\mathrm{e}^{(m-n)T}-ABm\mathrm{e}^{mT}<0$$

于是

$$\frac{\mathrm{d}e(T)}{\mathrm{d}T}<0$$

与情形(1)类似，当 $M(m-n)\leqslant Bm$ 时，意味着企业的边际收入不大于边际成本，应收账款期限越长，企业利润越低。企业利润在应收账款期限为 0 时达到最大，同样不能进行融资租赁业务。

(3) 当 $M(m-n)>Bm$ 时，令$\frac{\mathrm{d}e(T)}{\mathrm{d}T}=0$，即

$$MA(m-n)e^{(m-n)T} - ABme^{mT} - m\sqrt{AOHe^{mT}} = 0$$

两边同时除以 $Ae^{mT}$，得

$$M(m-n)e^{-nT} - Bm - m\sqrt{\frac{OH}{Ae^{mT}}} = 0$$

得

$$T = \frac{1}{n}\ln\frac{M(m-n)}{Bm + m\sqrt{\frac{OH}{Ae^{mT}}}} \quad \left(M(m-n) > Bm + m\sqrt{\frac{OH}{Ae^{mT}}}\right) \tag{6.21}$$

① 我们首先讨论一种特殊情况，当销售方采用供应商管理库存策略时，销售方不存在采购费用和持有成本，即 $O=0, H=0$，此时最佳应收账款期限

$$T^* = \frac{1}{n}\ln\frac{M(m-n)}{Bm} \tag{6.22}$$

接下来通过比较静态分析来讨论 $T^*$ 对 $M$ 的影响：

$$\frac{\partial T^*}{\partial M} = \frac{1}{Mn} > 0 \tag{6.23}$$

通过式(6.23)可以看出 $T^*$ 是关于 $M$ 的增函数，也就是说当产品的市场价格越高，应收账款的期限越长。这与事实是符合的，当每单位产品的市场价格越高，承租人购买的难度越大，厂商为了能将产品销售出去，就会设置较长的期限。

② 在一般情况下，式(6.21)是很难计算的，这里根据 Lou 和 Wang(2013)的研究，利用迭代的思想来计算它：

第一步，定义初始值 $T_0=0$；

第二步，将 $T_0=0$ 代入(6.21)的右侧，得出 $T_1$；

将 $T_1$ 的值代入(6.21)的右侧，得出 $T_2$；

……

将 $T_i$ 的值代入(6.21)的右侧，得出 $T_{i+1}$；

第三步，若 $|T_{i+1}-T_i|<\varepsilon$，则我们认为最优应收账款期限 $T^*=T_{i+1}$。

接下来，我们要检验 $T^*$ 是否是唯一解，为此，计算 $e(T)$ 的二阶导数：

$$\frac{d^2e(T)}{dT^2} = MA(m-n)^2e^{(m-n)T} - ABm^2e^{mT} - \frac{m^2}{2}\sqrt{AOH}e^{\frac{1}{2}mT}$$

$$= e^{mT}A[(m-n)^2e^{-nT} - ABm^2] - \frac{m^2}{2}\sqrt{AOH}e^{\frac{1}{2}mT} \tag{6.24}$$

为了便于讨论，我们仅考虑 $(m-n)^2M - Bm^2 \leqslant 0$ 的情况，此时

$$\frac{\mathrm{d}^2 e(T)}{\mathrm{d}T^2} < 0 \tag{6.25}$$

说明 $e(T)$是严格凹函数，$T^*$ 是唯一解，即唯一的应收账款期限。

接下来验证$(T^*, N^*)$是 $e(T,N)$的全局最优解。为此，计算 $e(T,N)$对 $T$ 及 $N$ 的二阶偏导数以及混合偏导数：

$$\begin{aligned}\frac{\mathrm{d}e(T)}{\mathrm{d}T} &= MA(m-n)\mathrm{e}^{(m-n)T} - ABm\mathrm{e}^{mT} - 2\sqrt{OH}\,\frac{\dfrac{\mathrm{d}D(T)}{D(T)}}{2\sqrt{D(T)}} \\ &= MA(m-n)\mathrm{e}^{(m-n)T} - ABm\mathrm{e}^{mT} - m\sqrt{AOH\mathrm{e}^{mT}}\end{aligned}$$

$$\begin{aligned}\frac{\partial^2 e(T,N)}{\partial T^2} &= MA\,(m-n)^2\mathrm{e}^{(m-n)T} - ABm^2\mathrm{e}^{mT} - \frac{O}{N}Am^2\mathrm{e}^{mT} \\ &= A\mathrm{e}^{mT}[(m-n)^2\mathrm{e}^{-nT} - Bm^2] - \frac{O}{N}Am^2\mathrm{e}^{mT}\end{aligned} \tag{6.26}$$

$$\frac{\partial^2 e(T,N)}{\partial T\cdot\partial N} = \frac{O}{N^2}Am\mathrm{e}^{mT} \tag{6.27}$$

$$\frac{\partial^2 e(T,N)}{\partial N^2} = -\frac{2}{N^3}AO\mathrm{e}^{mT} \tag{6.28}$$

通过式(6.26)～(6.28)，可以得到相应的 Hessian 矩阵：

$$\begin{aligned}&\begin{vmatrix}\dfrac{\partial^2 e(T,N)}{\partial T^2} & \dfrac{\partial^2 e(T,N)}{\partial T\cdot\partial N} \\ \dfrac{\partial^2 e(T,N)}{\partial T\cdot\partial N} & \dfrac{\partial^2 e(T,N)}{\partial N^2}\end{vmatrix} \\ &= \frac{\partial^2 e(T,N)}{\partial T^2}\cdot\frac{\partial^2 e(T,N)}{\partial N^2} - \left(\frac{\partial^2 e(T,N)}{\partial T\cdot\partial N}\right)^2 \\ &= -\frac{2}{N^3}AO\mathrm{e}^{mT}\left[A\mathrm{e}^{mT}(M(m-n)^2\mathrm{e}^{-nT} - Bm^2) - \frac{O}{N}Am^2\mathrm{e}^{mT}\right] - \left(\frac{O}{N^2}Am\mathrm{e}^{mT}\right)^2 \\ &= -\frac{2}{N^3}A^2O\mathrm{e}^{2mT}[(M(m-n)^2\mathrm{e}^{-nT} - Bm^2)] + \frac{2O^2}{N^4}A^2m^2\mathrm{e}^{2mT} - \frac{O^2}{N^4}A^2m^2\mathrm{e}^{2mT} \\ &= -\frac{2}{N^3}A^2O\mathrm{e}^{2mT}[(M(m-n)^2\mathrm{e}^{-nT} - Bm^2)] + \frac{O^2}{N^4}A^2m^2\mathrm{e}^{2mT}\end{aligned} \tag{6.29}$$

当$(m-n)^2M - Bm^2 \leqslant 0$ 时

$$(m-n)^2M\mathrm{e}^{-mT} - Bm^2 \leqslant 0$$

于是

$$\begin{vmatrix} \dfrac{\partial^2 e(T,N)}{\partial T^2} & \dfrac{\partial^2 e(T,N)}{\partial T \cdot \partial N} \\ \dfrac{\partial^2 e(T,N)}{\partial T \cdot \partial N} & \dfrac{\partial^2 e(T,N)}{\partial N^2} \end{vmatrix} > 0$$

所以，$(T^*, N^*)$是 $e(T,N)$达到最大值的解。

### 6.4.3 数值模拟

由于难以找到实例，笔者通过对参数赋值的方法来计算应收账款期限，结论不具有参考价值。

为了方便起见，我们仅讨论不存在采购费用和持有成本的情况。

假设产品的市场价格 $M = 100$ 万元，购买成本 $B = 70$ 万元，参数 $m = 0.9$，$n = 0.1$，根据(6.22)的表达式，我们可以计算最优应收账款期限 $T^*$：

$$\begin{aligned} T^* &= \frac{1}{n}\ln\frac{M(m-n)}{Bm} \\ &= \frac{1}{0.1} \times \ln\frac{100 \times (0.9 - 0.1)}{70 \times 0.9} \\ &= 2.39 \end{aligned}$$

也就是说，若在融资租赁业务中，租赁资产为给定条件下的产品，最优的期限应该是 2.39 年。

# 第 7 章　主要结论和政策建议

## 7.1 主 要 结 论

近几年来,越来越多的具有工业背景的企业开始涉足融资租赁业务,于是我们不禁思考产生这种现象的原因,以及融资租赁对装备制造业产生哪些影响。本书以装备制造业为研究对象,研究了融资租赁在销售收入以及应收账款等方面对装备制造业的影响。具体来说,有以下结论:

(1) 融资租赁对装备制造业销售收入有显著的正向影响,也就是说,使用融资租赁的装备制造企业的收入比未使用融资租赁的企业高,这说明融资租赁对装备制造业设备有较好的促销效果。从分行业的结果看,在计算机、通信和其他电子设备制造业、铁路、船舶、航空航天和其他运输设备制造业、通用设备制造业等几个行业中,融资租赁对销售收入有着显著的正向影响,而在金属制品业、汽车制造业、仪器仪表制造业、专用设备制造业等几个行业中,融资租赁对销售收入的影响并不显著。这说明资产的特点对制造厂商融资租赁决策有着重要的影响。设备通用性越强,越容易租赁。这对厂商是否采用融资租赁业务可提供一个参考,若其产品有较好的流通性,可以考虑尝试采用融资租赁来销售设备。反之,若厂商的设备专有性较强,则融资租赁未必是促销的最佳手段。

(2) 融资租赁对装备制造业(合并报表)的应收账款有显著的正向影响,也就是说,使用融资租赁的装备制造企业的应收账款比未使用融资租赁的装备制造企业高。这说明当装备制造企业在通过融资租赁等金融手段来促销产品时,会导致应收账款的增加。从分行业的结果看,在计算机、通信和其他电子设备制造业及通用设备制造业中,融资租赁对应收账款有显著的正向影响,而在另外几个行业中,融资租赁对应收账款的影响并不显著。从这个结果可以看到,在融资租赁业务较多的分行业中,应收账款的规模也较大。

(3) 本书构建应收账款评价体系来衡量应收账款质量,并比较使用融资租赁的装备制造企业和未使用融资租赁的装备制造企业的应收账款质量。通过比较发现,在合并报表中,使用融资租赁的装备制造企业的应收账款质量比未使用融资租赁的装备制造企业差。这是因为租赁子公司与厂商的财务报表合并时,融资租赁产生的应收账款最终体现在制造厂商的合并报表上。从分行业的情况看,汽车制造业、仪器仪表制造业、计算机、通信和其他电子设备制造业的应收账款质量较好,电气机械和器材制造业、通用设备制造业、铁路、船舶、航空航天和其他运输设备制造业、专用设备制造业的应收账款质量较差。从这个结果来看,厂商在制定融资租赁销售政策时,需控制规模。

## 7.2 政策建议

面对融资租赁对装备制造业在以上几个方面的影响,本文从政府角度和企业角度提出若干政策建议。

(1) 发展国际租赁,助力化解我国制造行业产能过剩问题。2015 年,国务院提出《中国制造 2025》计划,这是我国政府提出的制造强国战略的纲领。计划中提到"瞄准新一代信息技术、高端装备等领域,引导社会各类资源集聚,推动优势产业快速发展。"而作为金融与实体经济密切联系的行业,融资租赁借助"中国制造 2025"的机遇,可以成为装备制造业"走出去"的加速器,尤其是在高铁、核电机组等高端装备制造业方面。同时,计划中提出通过市场机制作用来化解产能过剩的问题。根据相关统计数据,我国制造行业的产能利用率平均在 60%左右,而美国制造业产能利用率在 75%以上,欧盟 28 国制造业产能利用率在 81%以上。

融资租赁在化解产能过剩方面可以发挥重要的作用。根据前文的讨论,融资租赁可以促进产品的销售,进而盘活过剩的产能,从而优化装备制造业的产业结构。比如通过跨境融资租赁的方式,国内的厂商通过与国外的融资租赁公司或者海外的租赁子公司进行合作,可以有效地促进我国装备制造企业的出口,实现产能的有效转移。"一带一路"战略为跨境租赁化解产能过剩提供了具体的"平台"。融资租赁促进销售的功能,使国内过剩的产能输出到"一带一路"伙伴国家。从近几年的实践中看,我国已成功地将水泥、海工装备等产能输出到越南、印度尼西亚等国家。

(2) 企业应加强应收账款管理。根据前文第 5 章的实证分析，我们知道融资租赁导致厂商(合并报表)应收账款的增加。可见，在融资租赁业务中，厂商将应收账款风险转嫁到融资租赁公司上。因此，对出租人企业来说，应做好应收账款管理工作。

对出租人而言，应在事前、事中、事后等几个环节进行控制。所谓事前控制，是指在合同签订之前，企业首先对客户的信用进行评估。通常来说，事前控制一般包括以下几个方面：① 成立专门的信用管理部门；② 安排专业的管理人员；③ 制定较为完善的管理政策；④ 对客户进行充分的调查并存档(李磊，2013)。对出租人来说，他们非常想了解客户的银行授信规模、担保情况及逾期信息等。事中控制是指在合同签订之后，企业在信用管理方面对客户日常的动态控制。一般来说，事中控制主要包括：关注客户信用的日常管理；加强应收账款内部控制制度建设；加强应收账款的动态管理等。事后控制是信用管理的后期安排，通常包括：建立应收账款的催收制度；完善有关部门的考核；做好核销坏账准备等。

(3) 从厂商的角度看，制定适中的销售政策。厂商租赁有着潜在不足，业内人士称为“金融业和制造业合并报表的怪象”(夏番，2013)。这是因为对金融机构来说，负债率超过 85%甚至更高都可以被接受，但对于制造业公司来说，负债率超过 60%就被认为是很高的风险。金融业和制造业对负债率的接受程度有较大的差异，当制造厂商通过融资租赁等金融手段对产品进行销售时，需考虑对负债率和经营性现金流带来的影响。当制造厂商和租赁子公司合作进行融资租赁业务时，融资租赁业务的规模越大，母公司承担的风险也越大。因为从目前国内的厂商租赁实际开展情况看，厂商对租赁物负有回购义务。也就是说，当客户无法还款时，制造厂商将面临较大的经济损失。所以，对厂商来说，应根据实际情况制定较为适中的销售政策。

# 附录　应收账款质量分析（扣除租赁子公司产生的应收账款）

**1. 应收账款质量评价指标**

详见本书6.3.1小节。

**2. 样本选择与数据分析**

(1) 描述性统计

表F.1反映了应收账款质量评价指标的描述性统计。

**表F.1　描述性统计**

| 变量 | 平均值 | 标准差 | 最小值 | 最大值 |
|---|---|---|---|---|
| $Y_1$ | 0.2603 | 0.1383 | 0 | 0.9499 |
| $Y_2$ | 0.2910 | 0.2190 | 0 | 2.5407 |
| $Y_3$ | 0.0760 | 2.6586 | −55.9464 | 149.1415 |
| $Y_4$ | 0.2812 | 3.4035 | 0 | 140.5269 |
| $Y_5$ | 0.2615 | 4.0985 | 0 | 258.4429 |
| $Y_6$ | 9.3435 | 30.7146 | 0.3235 | 830.684 |
| $Y_7$ | 0.6068 | 0.4539 | 0 | 3.9991 |

从表F.1可以看出，变量应收账款占流动资产的比例平均值为0.2603，说明在样本企业中，应收账款占流动资产的比例平均为26.03%。最小值为0，最大值为0.9499，标准差为0.1383，可见在选取的样本中不同企业的应收账款占流动资产的比例有一定的差异，说明不同的企业对流动资产的管理也有所不同。

变量应收账款占主营业务收入的比例平均值为0.2910，说明在样本企业中，应收账款占主营业务收入的比例平均为29.10%，即在主营业务收入中有29.10%是通过信用销售实现的。最小值为0，最大值为2.5407，标准差为0.2190，说明在装备制造业中，应收账款占主营业务收入的比例有很大的不同，这是因为不同企业的营销策略不同造成的。

坏账损失率的平均值为 0.0760，即在样本企业中，难以收回或无法收回的平均应收账款占应收账款总额的 7.60%。标准差为 2.6586，最小值为 −55.9464，最大值为 149.1415，可见样本中坏账损失率存在很大的不同，说明不同的企业对应收账款的收回效率和债券管理能力有很大的区别。主要原因在于，一方面，在装备制造业中，不同企业的销售策略有巨大的区别。另一方面，由于企业规模的差异，其经营和管理水平也会有差异，对信用销售业务的管理也存在差别。

呆账率的平均值为 0.2812，即在样本企业中，账龄超过三年的应收账款占应收账款总额的 0.2812%。其最小值为 0，最大值为 140.5269，标准差为 3.4035，说明不同企业的呆账率差异较大，这是由于不同企业的管理水平不同造成的。

变量 1 年以上应收账款占应收账款总额的比例平均值为 0.2615，即账龄在 1 年以上的应收账款占应收账款总额的 26.15%。其最小值为 0，最大值为 258.4429，标准差为 4.0985，可见不同企业应收账款的变现能力有较大的差异。

应收账款周转率的平均值为 9.3435，即在样本企业中，应收账款转化为货币资金的平均次数为 9.3435 次。应收账款周转率最小值为 0.3235，最大值为 830.684，标准差为 30.7146，说明企业在催收账款方面有很大的不同，对资产管理的重视程度也有不同

平均账龄的平均值为 0.6068，即样本企业收回应收账款的平均时间为 0.6068 年。平均账龄的最小值为 0，最大值为 3.9991，标准差为 0.4539，可见企业的账龄也存在较大的不同。

(2) 样本选择与数据分析

详见本书 6.3.3 小节。

(3) 变量的相关性检验

表 F.2 是变量的相关性检验结果，可以看出变量之间存在一定的相关性，变量应收账款占流动资产的比例与变量应收账款占主营业务收入的比例的相关系数为 0.5720，平均账龄与应收账款周转率的相关系数为 0.2275，符合因子分析法的要求。

(4) 指标的一致化处理

在选取的指标中，有些指标为正指标，有些指标为逆指标，为了便于分析，将所有的指标都转化为正指标，转化的结果如表 F.3 所示。

**表 F.2　相关性检验**

| 变量 | $Y_1$ | $Y_2$ | $Y_3$ | $Y_4$ | $Y_5$ | $Y_6$ | $Y_7$ |
|---|---|---|---|---|---|---|---|
| $Y_1$ | 1.0000 | | | | | | |
| $Y_2$ | 0.5720 | 1.0000 | | | | | |
| $Y_3$ | −0.0266 | −0.0229 | 1.0000 | | | | |
| $Y_4$ | 0.0026 | 0.0034 | −0.0016 | 1.0000 | | | |
| $Y_5$ | −0.0399 | −0.0192 | 0.1351 | 0.0043 | 1.0000 | | |
| $Y_6$ | −0.2944 | −0.2524 | 0.0085 | −0.0083 | 0.0623 | 1.0000 | |
| $Y_7$ | −0.0405 | 0.1619 | 0.0522 | 0.0647 | 0.2275 | 0.0198 | 1.0000 |

**表 F.3　指标一致化处理结果**

| 原变量 | 指标名称 | 性质 | 变量关系 | 新变量 |
|---|---|---|---|---|
| $Y_1$ | 应收账款占流动资产比例 | 逆指标 | $X_1=1-Y_1$ | $X_1$ |
| $Y_2$ | 应收账款占主营业务收入比例 | 逆指标 | $X_2=1-Y_2$ | $X_2$ |
| $Y_3$ | 坏账损失率 | 逆指标 | $X_3=1-Y_3$ | $X_3$ |
| $Y_4$ | 呆账率 | 逆指标 | $X_4=1-Y_4$ | $X_4$ |
| $Y_5$ | 1 年以上应收账款占总应收账款比例 | 逆指标 | $X_5=1-Y_5$ | $X_5$ |
| $Y_6$ | 应收账款周转率 | 正指标 | $X_6=Y_6$ | $X_6$ |
| $Y_7$ | 平均账龄 | 逆指标 | $X_7=1/Y_7$ | $X_7$ |

(5) 因子提取

表 F.4 反映的是因子的特征值和方差贡献率,从表 F.4 可以看出,前 4 个因子的特征值大于 1,累计方差贡献率达 76.61%,也就是说,若提取 3 个公因子,这 3 个公因子的方差贡献率为 76.61%。

(6) 因子旋转

在提取因子后,由于因子和原来的变量之间的关系不是很突出,为了使各个因子的代表变量更加突出,我们需要对初始因子进行旋转。表 F.5 是旋转后的因子载荷矩阵,从表 F.5 可以看出,第 1 个因子由应收账款占流动资产的比例、应收账款占主营业务收入的比例等两个个变量组成。第 2 个因子由坏账损失率、平均账龄构成,第 3 个因子由 1 年以上应收账款占总应收账款比例和应收账款周转率构成,第 4 个因子由呆账率构成。

**表 F.4　特征值和方差贡献率**

| 因子数 | 初始情形 | | | 因子旋转后的情形 | | |
|---|---|---|---|---|---|---|
| | 特征值 | 方差贡献率 | 累计方差贡献率 | 特征值 | 方差贡献率 | 累计方差贡献率 |
| 1 | 1.68713 | 0.2410 | 0.2410 | 1.58815 | 0.2269 | 0.2269 |
| 2 | 1.54466 | 0.2207 | 0.4617 | 1.57705 | 0.2253 | 0.4522 |
| 3 | 1.13098 | 0.1616 | 0.6233 | 1.19755 | 0.1711 | 0.6232 |
| 4 | 1.00009 | 0.1429 | 0.7661 | 1.00011 | 0.1429 | 0.7661 |
| 5 | 0.77780 | 0.1111 | 0.8772 | | | |
| 6 | 0.43952 | 0.0628 | 0.9400 | | | |
| 7 | 0.41982 | 0.0600 | 1.0000 | | | |

**表 F.5　旋转后的因子载荷矩阵**

| 指　标 | 因 子 1 | 因 子 2 | 因 子 3 | 因 子 4 |
|---|---|---|---|---|
| $X_1$ | 0.8760 | −0.0235 | −0.0585 | −0.0086 |
| $X_2$ | 0.8779 | −0.0111 | −0.0180 | 0.0107 |
| $X_3$ | −0.0262 | 0.8871 | 0.0354 | −0.0003 |
| $X_4$ | 0.0011 | −0.0004 | −0.0003 | 1.0000 |
| $X_5$ | 0.0589 | 0.0287 | 0.8185 | 0.0022 |
| $X_6$ | 0.2142 | 0.0175 | −0.7226 | 0.0041 |
| $X_7$ | 0.0067 | −0.8878 | 0.0202 | 0.0003 |

根据因子载荷矩阵，我们可以得到相应的因子模型：

$$\begin{cases} X_1 = 0.8760\text{factor}_1 - 0.0235\text{factor}_2 - 0.0585\text{factor}_3 - 0.0086\text{factor}_4 \\ X_2 = 0.8779\text{factor}_1 - 0.0111\text{factor}_2 - 0.0180\text{factor}_3 + 0.0107\text{factor}_4 \\ X_3 = -0.0262\text{factor}_1 + 0.8871\text{factor}_2 + 0.0354\text{factor}_3 - 0.0003\text{factor}_4 \\ X_4 = 0.0011\text{factor}_1 - 0.0004\text{factor}_2 - 0.0003\text{factor}_3 + 1.0000\text{factor}_4 \\ X_5 = 0.0589\text{factor}_1 + 0.0287\text{factor}_2 + 0.8185\text{factor}_3 + 0.0022\text{factor}_4 \\ X_6 = 0.2142\text{factor}_1 + 0.0175\text{factor}_2 - 0.7226\text{factor}_3 + 0.0041\text{factor}_4 \\ X_7 = 0.0067\text{factor}_1 - 0.8878\text{factor}_2 + 0.0202\text{factor}_3 + 0.0003\text{factor}_4 \end{cases} \tag{F.1}$$

因子得分

$$\begin{cases} \text{factor}_1 = 0.5552\,X_1 + 0.5604\,X_2 + 0.0046\,X_3 - 0.0017\,X_4 \\ \qquad + 0.1143\,X_5 + 0.0705\,X_6 - 0.0120\,X_7 \\ \text{factor}_2 = 0.0036\,X_1 - 0.0111\,X_2 + 0.5624\,X_3 + 0.0001\,X_4 \\ \qquad + 0.0107\,X_5 + 0.0233\,X_6 - 0.5638\,X_7 \\ \text{factor}_3 = 0.0319\,X_1 + 0.0663\,X_2 + 0.0181\,X_3 + 0.0005\,X_4 \\ \qquad + 0.6999\,X_5 - 0.5936\,X_6 + 0.0273\,X_7 \\ \text{factor}_4 = -0.0108\,X_1 + 0.0085\,X_2 + 0.0001\,X_3 + 0.9998\,X_4 \\ \qquad + 0.0026\,X_5 + 0.0032\,X_6 - 0.00001\,X_7 \end{cases} \tag{F.2}$$

**表 F.6　因子得分系数矩阵**

| 指　标 | 因　子　1 | 因　子　2 | 因　子　3 | 因　子　4 |
|---|---|---|---|---|
| $X_1$ | 0.5552 | 0.0036 | 0.0319 | −0.0107 |
| $X_2$ | 0.5604 | 0.0110 | 0.0663 | 0.0085 |
| $X_3$ | 0.0046 | 0.5623 | 0.0180 | 0.00008 |
| $X_4$ | −0.001 | 0.0001 | 0.0004 | 0.9998 |
| $X_5$ | 0.1143 | 0.0106 | 0.6999 | 0.0025 |
| $X_6$ | 0.0704 | 0.0232 | −0.5936 | 0.0031 |
| $X_7$ | −0.0120 | −0.5638 | 0.0273 | −0.00001 |

$$\begin{aligned} \text{score} \\ &= \frac{\sum_i \theta_i \cdot \text{factor}_i}{\sum_i \theta_i} \\ &= \frac{0.2269 \times \text{factor}_1 + 0.2253 \times \text{factor}_2 + 0.1711 \times \text{factor}_3 + 0.1429 \times \text{factor}_4}{0.2269 + 0.2253 + 0.1711 + 0.1429} \end{aligned} \tag{F.3}$$

其中，$\theta_i$ 是各个因子相应的方差贡献率。

**表 F.7　综合因子得分及排名**

| 排　名 | 综合因子得分(使用融资租赁) | 综合因子得分(未使用融资租赁) |
|---|---|---|
| 1 | 1.5970 | 0.6605 |
| 2 | 1.1990 | 0.6220 |
| 3 | 1.1495 | 0.6004 |

续表

| 排　名 | 综合因子得分(使用融资租赁) | 综合因子得分(未使用融资租赁) |
|---|---|---|
| 4 | 1.0927 | 0.5924 |
| 5 | 1.0215 | 0.5573 |
| 6 | 0.9836 | 0.5415 |
| 7 | 0.8078 | 0.5327 |
| 8 | 0.8027 | 0.5301 |
| 9 | 0.7482 | 0.5300 |
| 10 | 0.7272 | 0.5287 |
| 11 | 0.7183 | 0.5267 |
| 12 | 0.7055 | 0.5266 |
| 13 | 0.6680 | 0.5249 |
| 14 | 0.6521 | 0.5182 |
| 15 | 0.5566 | 0.5154 |

# 参 考 文 献


蔡香梅,2010. 企业应收账款质量评价的因子分析法[J]. 财会月刊(33):49-52.

陈伯施,2008. 铁路运输装备融资租赁创新模式研究[D]. 北京:北京交通大学.

陈虹莉,2013. 云南工程机械行业融资租赁业务风险管理初探[D]. 昆明:昆明理工大学.

陈婷婷,2015. 企业应收账款的风险分析及防范研究[J]. 企业导报(1):146-148.

崔佳宁,2014a. 我国上市公司涉足融资租赁业的动因、隐患与对策分析[J]. 齐齐哈尔大学学报(哲学社会科学版)(3):34-37.

崔佳宁,2014b. 我国上市公司融资租赁的动因与影响[D]. 北京:对外经济贸易大学.

崔佳宁,史燕平,2014. 我国融资租赁交易动因:来自上市公司的经验证据[J]. 技术经济(4):123-130.

丁亚楠,2016. 融资租赁中承租人信用风险模型构建[J]. 法制博览(17):227.

龚新龙,2013. 我国民营企业应收账款风险的衡量及防范[J]. 中小企业管理与科技(上旬刊)(4):94-95.

郭冬利, 2007. 浅谈信用销售下分期收款应收账款的管理[J]. 科技创新导报(33):78-80.

胡博嵩, 2010. 融资租赁企业的风险控制研究及实证分析[D]. 天津:天津大学.

黄生权,赵巍,2008. 工程机械企业融资租赁风险分析与评价[J]. 价值工程(1):157-159.

黄玉英,2007. 上市公司融资租赁障碍的实证分析[J]. 经济论坛(19):115-118.

来明敏,2005. 我国企业融资租赁影响因素的实证研究:基于 logistic 分析[J]. 财会通讯(学术版)(7):62-66.

赖泳杏,冯绍金,王虹,2010. 上市公司应收账款质量的评价及优化[J]. 商场现代化(23):150-151.

李甫,2012. 基于出租人角度的项目融资租赁风险研究[D]. 北京:华北电力大学.

李红艳,2016. 中日工程机械设备融资租赁的发展比较与经验借鉴[J]. 长沙大学学报(4):30-32.

李磊,2013. G公司信用销售及应收账款内部控制研究[D]. 咸阳:西北农林科技大学.

刘宏,朱一鸣,景舒婷,2013. 中联重科应收账款质量分析[J]. 财会月刊(14):79-81.

刘金燕,2015. 基于信用管理的 A 企业应收账款控制研究[D]. 青岛:青岛理工大学.

刘军,杨浩昌,崔维军,2016. 出口贸易对就业的影响及其地区差异:基于我国省级面板数据的实证研究[J]. 世界经济与政治论坛(1):132-147.

刘琴安,朱维敏,2014. 上市公司应收账款质量分析实证研究:以陕西省上市公司为样本[J]. 商业会计(14)：103-106.
刘伟，翟伟静，2011. 高违约率下融资租赁信用风险的多属性评价[J]. 工业工程(4)：92-97.
刘志良，2015. 租赁企业应收账款风险与控制措施探讨[J]. 中国乡镇企业会计(10)：169-170.
乔雅梅，2013. 基于信用的HD集团应收账款管理问题研究[D]. 武汉：华中科技大学.
赛娜，李霄，2013. 上市公司应收账款质量问题研究：以内蒙古自治区为例[J]. 财会通讯(20)：94-96.
时艳娇，2010. 制造型企业应收账款影响因素的实证研究[D]. 长沙：湖南大学.
史燕平，2005. 融资租赁原理与实务[M]. 北京：人民出版社.
史燕平，崔佳宁，庞家任，2014. 现金投资还是现金滥用：我国上市公司出售回租的信息解读[J]. 当代财经(6)：43-56.
史燕平，朱成科，2016. 我国承租人融资租赁影响因素分析：来自我国装备制造业上市公司面板数据的实证检验[J]. 现代管理科学(1)：30-32.
双小红，2011. 企业应收账款风险管理研究[D]. 北京：华北电力大学(北京).
宋海金，2010. 融资租赁在装备制造企业的应用研究[D]. 济南：山东大学.
苏苑秋，2014. 三一重工应收账款管理案例研究[D]. 贵阳：贵州财经大学.
孙丹梅，2010. 基于风险导向的应收账款内部控制的研究[D]. 北京：首都经济贸易大学.
孙景新，2012. 我国高端装备制造企业的技术研发投入及其效益分析[D]. 青岛：中国海洋大学.
唐斌，2010. 融资租赁在我国机械制造行业中的应用与发展探讨[D]. 成都：西南财经大学.
陶冶，2013. 基于公司战略的应收账款风险管理体系构建与应用研究[D]. 呼和浩特：内蒙古大学.
田春芝，陈跃，2013. 汽车融资租赁信用风险控制研究[J]. 财会通讯(2)：115-117.
王春雷，2007a. 企业应收账款风险管理研究[D]. 合肥：安徽农业大学.
王春雷，孟枫平，2007b. 企业应收账款风险预警体系的构建[J]. 技术经济(4)：125-128.
王洪海，金昕，庄严，2016. 基于因子分析的应收账款质量评价[J]. 财会月刊(9)：99-102.
王金干，2005. 企业应收账款风险度量研究[D]. 西安：西北工业大学.
王秀丽，史玉光，2010. 中级财务会计[M]. 北京：中信出版社.
王原雪，2012. 以融资租赁推进农业机械装备发展的对策研究[D]. 青岛：中国海洋大学.
王月华，2006. 应收账款风险管理[D]. 厦门：华侨大学.
魏浩轩，2011. 我国制造业企业采用融资租赁决策的实证分析[D]. 上海：复旦大学.
吴良强，2013. 装备制造企业融资租赁决策分析与业务创新研究[D]. 太原：太原科技大学.
吴武铃，2013. 产能过剩背景下中联重科应收款项困境研究[D]. 长沙：中南大学.
夏番，2013. 锐华重工股份有限公司信用销售管理研究[D]. 长沙：湖南大学.
谢顶杰，2002. 中国医疗设备融资性租赁方式的发展研究[D]. 成都：西南交通大学.
谢霞，2013a. 应收账款质量综合评价方法[J]. 新会计(12)：46-48.
谢霞，2013b. 制造业上市公司应收账款质量浅析[J]. 财会探索：112-114.
徐来辉，2014. 融资租赁企业风险预警与控制机制研究[D]. 宁波：宁波大学.
徐晓武，2008. 国内工程机械厂商开展融资租赁业务研究[D]. 厦门：厦门大学.

杨玲，2013. 我国制造型上市公司应收账款质量研究[D]. 北京：中国地质大学(北京).
杨南桔. 建筑施工企业信用评价体系的构建研究[D]. 西安：西安科技大学，2010.
杨武，2009. 增值税转型下的工程机械融资租赁营销策略[D]. 厦门：厦门大学.
尹鹏飞，2010. 医疗设备融资租赁模式研究[D]. 成都：西南财经大学.
于晓艳，2011. 工程机械设备融资租赁的风险分析与控制[J]. 建筑机械(6)：66-68.
翟伟静，2011. 工程机械类融资租赁的信用风险管理研究[D]. 重庆：重庆大学.
张迪，2013. 机械工业企业信用评级指标体系中"行业风险因素"的研究[D]. 北京：北京工业大学.
张巨光，沙泉，2011. 工程机械融资租赁实务和风险管理[M]. 北京：机械工业出版社.
张君怡，2016. 企业应收账款质量评价的实例研究[J]. 时代金融(14)：130-132.
张信东，尚利强，姜小丽，2009. 企业 R&D 投资与市场收益关系[J]. 经济管理，31(3)：113-118.
郑瑜，2006. 汽车租赁市场的信息不对称问题研究[J]. 汽车工业研究(8)：33-37.
周泳呈，2013. 中国医疗设备融资租赁的发展现状与风险管理[D]. 昆明：云南财经大学.
朱北仲，2004. 关于对大中型企业信用销售与应收账款管理工作的建议[J]. 经济师(12)：156.
朱成科，李虹含，2015a. 融资租赁、设备投资与经济增长[J]. 金融论坛(9)：38-47.
朱成科，李虹含，2015b. 融资租赁中的设备投资与经济增长：基于我国 2004-2014 年数据的实证检验[J]. 技术经济与管理研究(9)：13-17.
朱雅琴，2015. 上海医药应收账款质量评价与优化对策[J]. 现代商贸工业(10)：121-122.
ADAMS M, HARDWICK P, 1998. Determinants of the leasing decision in United Kingdom listed companies[J]. Applied Financial Economics, 8(5):487-494.
ADEDEJI A, STAPLETON R C, 1996. Leases, debt and taxable capacity[J]. Applied Financial Economics, 6(1):71-83.
AGGARWAL S P, JAGGI C K, 1995. Ordering policies of deteriorating items under permissible delay in payments[J]. The Journal of the Operational Research Society, 46(5): 658-662.
ALCHIAN A A, DEMSETZ H, 1972. Production, information costs, and economic organization[J] . The American Economic Review, 62(5):777-795.
ANDERSON P F, BIRD M M, 1980. Marketing to the industrial lease buyer[J]. Industrial Marketing Management, 9(2):111-116.
ANDERSON P F, LAZER W, 1978. Industrial lease marketing[J]. Journal of Marketing, 42 (1):71-79.
ANDRAS T L, SRINVASAN S S, 2003. Advertising intensity and R&D intensity: Differences across Industries and their impact on firm's performance[J]. International Journal of Business and Economics, 2:167-176.
ANG J, PETERSON P P, 1984. The leasing puzzle[J]. The Journal of Finance, 39(4): 1055-1065.
ANONYMOUS, 1990. Management accounting guidelines. 8: Accounts receivable management

[M]. Ontario: The Society of Management Accountants of Canada.

ARCELUS F J, SHAH N H, SRINIVASAN G, 2001. Retailer's response to special sales: Price discount vs. trade credit[J]. Omega, 29(5):417-428.

BABIONE F A, 1950. Marketing equipment by leasing[J]. Journal of Marketing, 15(2): 205-211.

BAE S C, NOH S, 2001. Multinational corporations versus domestic corporations: A comparative study of R&D investment activities[J]. Journal of Multinational Financial Management, 11(1):89-104.

BARCLAY M J, SMITH C W, 1995. The priority structure of corporate liabilities[J]. The Journal of Finance, 50(3):899-917.

BARRO R J, 1976. The loan market, collateral, and rates of interest[J]. Journal of Money, Credit and Banking, 8(4):439-456.

BASTOS R, PINDADO J, 2013. Trade credit during a financial crisis: a panel data analysis [J]. Journal of Business Research, 66(5):614-620.

BAYLESS M E, DILTZ J D, 1986. Debt capacity, capital leasing, and alternative debt instruments[J]. Akron Business and Economic Review, 19(4):77-86.

BEATTIE V, GOODACRE A, Thomson S, 2000. Operating leases and the assessment of lease-debt substitutability[J]. Journal of Banking & Finance, 24(3):427-470.

BENISHAY H, 1966. A stochastic model of credit sales debt[J]. Journal of the American Statistical Association, 61(316):1010-1028.

BENJAMIN D K, 1978. The use of collateral to enforce debt contracts[J]. Economic Inquiry, 16(3):333-359.

BITROS G C, 1979. Neoclassical theory of trade credit: A critique and a reformulation[J]. Econometrica, 47(1):199-202.

BORISOVA G, Brown J R, 2013. R&D sensitivity to asset sale proceeds: New evidence on financing constraints and intangible investment[J]. Journal of Banking & Finance, 37(1): 159-173.

BOWMAN R G, 1980. The debt equivalence of leases: An empirical investigation[J]. The Accounting Review, 55(2):237-253.

BRENNAN M J, Miksimovic V, Zechner J, 1988. Vendor financing[J]. The Journal of Finance, 43(5):1127-1141.

BRICK I E, FUNG W, Subrahmanyam M, 1987. Leasing and financial intermediation: Comparative tax advantages[J]. Financial Management, 16(1):55-59.

BURKART M, ELLINGSEN T, 2004. In-Kind finance: A theory of trade credit[J]. The American Economic Review, 94(3):569-590.

CALLIMACI A, FORTIN A, 2011. Determinants of leasing propensity in Canadian listed companies[J]. International Journal of Managerial Finance, 7(3):259-283.

CARPENTER M D, MILLER J E, 1979. A reliable framework for monitoring accounts receivable[J]. Financial Management, 8(4):37-40.

CHEN X, 2015. A model of trade credit in a capital-constrained distribution channel[J]. International Journal of Production Economics, 159:347-357.

CHEN Y, CHANG K, 2010. Analyzing the nonlinear effects of firm size, profitability, and employee productivity on patent citations of the US pharmaceutical companies by using artificial neural network[J]. Scientometrics, 82:75-82.

CHEN Y, CHANG K, LIN M, 2008. Exploring the nonlinear influences of size, profitability and employee productivity upon the innovation in the US pharmaceutical industry by using artificial neural network[C]. South Korea.

CHIEN H, CHU C Y C, 2008. Sale or lease? durable-goods monopoly with network effects [J]. Marketing Science, 27(6):1012-1019.

CHISNALL P M, 1985. Strategic industrial marketing[M]. London: Prentice Hall International.

CHONG B, YI H, 2011. Bank loan, trade credit, and borrower characteristics: Theory and empirical evidence[J]. Asia-Pacific Journal of Financial Studies, 37(1): 37-68.

CHU L, MATHIEU R, ZHANG P, 2008. Why firms lease short-lived assets: A tax-based explanation[J]. Canadian Tax Journal, 56(3): 639-660.

CLARK T, 1985. Leasing finance[M]. London: Euromoney Publications Limited.

COSCI S, GUIDA R, MELICIANI V, 2015. Leasing decisions and credit constraints: Empirical analysis on a sample of italian firms[J]. European Financial Management, 2(21):377-398.

COYLE B, 2000. Leasing[M]. Amacom Books.

DAVIDSON R, MACKINNON J G, 1993. Estimation and inference in econometrics[M]. New York: Oxford University Press.

DAVIS P M, 1966. Marginal analysis of credit sales[J]. The Accounting Review, 41(1): 121-126.

DELOOF M, JEGERS M, 1999. Trade credit, corporate groups, and the financing of Belgian firms[J]. Journal of Business Finance & Accounting, 26(7-8):945-966.

DELOOF M, LAGAERT I, VERSCHUEREN I, 2007. Leases and debt: Complements or substitutes? evidence from Belgian SMEs[J]. Journal of Small Business Management, 45(4): 491-500.

DESAI P, PUROHIT D, 1998. Leasing and selling: Optimal marketing strategies for a durable goods firm[J]. Management Science, 44(11):S19-S34.

DUHAYLONGSOD J B B, 2013. Vendor financing and its impact on vendor's optimal policies [D]. New Jersey: The State University of New Jersey.

DUKE J C, FRANZ D P, 2002. Firm-Specific determinants of off-balance sheet leasing: A test of the smith/wakeman model[J]. Journal of Business and Management, 8(4): 335-353.

EISFELDT A L, RAMPINI A A, 2009. Leasing, ability to repossess, and debt capacity[J]. Rev. Financ. Stud., 22(4):1621-1657.

EMERY G W, 1984. A pure financial explanation for trade credit[J]. The Journal of Financial and Quantitative Analysis, 19(3):271-285.

EWERT D C, 1968. Trade-Credit management: Selection of accounts receivable using a statistical model[J]. The Journal of Finance, 23(5):891-892.

EZZELLA J R, VORA P P, 2001. Leasing versus purchasing: Direct evidence on a corporation's motivations for leasing and consequences of leasing[J]. The Quarterly Review of Economics and Finance, 41(1):33-47.

FERRANDO A, MULIER K, 2013. Do firms use the trade credit channel to manage growth? [J]. Journal of Banking & Finance, 37(8):3035-3046.

FERRIS J S, 1981. A transactions theory of trade tredit use[J]. The Quarterly Journal of Economics, 96(2):243-270.

FINUCANE T J, 1988. Some empirical evidence on the use of financial leases[J]. The Journal of Financial Research, XI(3):321-333.

FLATH D, 1980. The economics of short-term leasing[J]. Economic Inquiry, 18(2):247-259.

FRANKS J R, HODGES S D, 1978. Valuation of financial lease contracts: A note[J]. The Journal of Finance, 33(2):657-669.

FREITAS L P, 1976. Monitoring accounts receivable[J]. Management Accounting, 55(3):18-21.

GALLINGER G W, IFFLANDER A J, 1986. Monitoring accounts receivable using variance analysis[J]. Financial Management, 15(4):69-76.

GAO S S, 1999. International leasing: strategy and decision[M]. England: Ashgate Publishing Company.

GARCIA-TERUEL P J, MARTINEZ-SOLANO P, 2010. Determinants of trade credit: A comparative study of European SMEs[J]. International Small Business Journal, 28(3): 215-233.

GAVAZZA A, 2010. Asset liquidity and financial contracts: Evidence from aircraft leases[J]. Journal of Financial Economics, 95(1):62-84.

GENTRY J A, GARZA J M, 1985. A generalized model for monitoring accounts receivable [J]. Financial Management, 14(4):28-38.

GIVOLY D, HAYN C, OFER A R, et al, 1992. Taxes and capital structure: Evidence from firms' response to the tax reform act of 1986[J]. The Review of Financial Studies, 5(2): 331-355.

GOYAL S K, 1985. Economic order quantity under conditions of permissible delay in payments

[J]. The Journal of the Operational Research Society, 36(4):335-338.

GRAHAM J R, 1996a. Debt and the marginal tax rate[J]. Journal of Financial Economics, 41(1):41-73.

GRAHAM J R, 1996b. Proxies for the corporate marginal tax rate[J]. Journal of Financial Economics, 42(2):187-221.

GRAHAM J R, LEMMON M L, Schallheim J S, 1998. Debt, leases, taxes, and the endogeneity of corporate tax status[J]. The Journal of Finance, 53(1):131-162.

GRILICHES Z, 1979. Issues in assessing the contribution of research and development to productivity growth[J]. The Bell Journal of Economics, 10(1):92-116.

GUPTA D, WANG L, 2009. A stochastic inventory model with trade credit[J]. Manufacturing & Service Operations Management, 11(1):4-18.

GUTH W D, GINDERG A, 1990. Guest editors' introduction: Corporate entrepreneurship [J]. Strategic Management Journal, 11:5-15.

JACKSON T H, KRONMAN A T, 1979. Secured financing and priorities among creditors[J]. The Yale Law Journal, 88(6):1143-1182.

JAGGI C K, GOYAL S K, GOEL S K, 2008. Retaile's optimal replenishment decisions with credit-linked demand under permissible delay in payments[J]. European Journal of Operational Research, 190(1):130-135.

JENSEN M C, 1986. Agency costs of free cash flow, corporate finance, and takeovers[J]. American Economic Review, 76(2):323-329.

JENSEN M C, MECKLING W H, 1976. Theory of the firm: managerial behavior, agency costs and ownership structure[J]. Journal of Financial Economics, 3(4):305-360.

JIN Y, WANG S, HU Q, 2015. Contract type and decision right of sales promotion in supply chain management with a capital constrained retailer[J]. European Journal of Operational Research, 240(2):415-424.

JOHN T A, JOHN K, 1993. Top-Management compensation and capital structure[J]. The Journal of Finance, 48(3):949-974.

KHAN M J, ASLAM N, RIAZ M N, 2012. Leadership styles as predictors of innovative work behavior[J]. Pakistan Journal of Social and Clinical Psychology, 9(2):17-22.

KLAPPER L, LAEVEN L, RAJAN R, 2012. Trade credit contracts[J]. Review of Financial Studies, 25(3):838-867.

KLEIN B, CRAWFORD R G, ALCHIAN A A, 1978. Vertical integration, appropriable rents, and the competitive contracting process[J]. The Journal of Law & Economics, 21(2):297-326.

KRISHNAN V S, MOYER R C, 1994. Bankruptcy costs and the financial leasing decision[J]. Financial Management, 23(2):31-42.

KUNDU A, KULKARNI P, MURTHY A, 2008. Advertising and firm value: Mapping the relationship between advertising, profitability and business strategy in India[M]. In:

Sinha A, ed. Changing Ideas in Strategy. New Delhi: Narosa Publications, 2010.

LASFER M A, LEVIS M, 1998. The determinants of the leasing decision of small and large companies[J]. European Financial Management, 4(2):159-184.

LEE Y W, STOWE J, 1993. Product risk, asymmetric information, and trade credit[J]. Journal of Financial and Quantitative Analysis, 28(2):285-300.

LEVITT T, 1974. Marketing for business growth[M]. New York: McGraw-Hill Book Company.

LEWELLEN W G, EDMISTER R O, 1973. A general model for accounts receivable analysis and control[J]. Journal of Financial and Quantitative Analysis, 8(2):195-206.

LEWIS C M, SCHALLHEIM J S, 1992. Are debt and leases substitutes? [J]. The Journal of Financial and Quantitative Analysis, 27(4):497-511.

LIN J, WANG C, CHOU D, et al, 2013. Financial constraint and the choice between leasing and debt[J]. International Review of Economics & Finance, 27:171-182.

LONG M S, MALITZ I B, RAVID S A, 1993. Trade credit, quality guarantees, and product marketability[J]. Financial Management, 22(4):117-127.

LOU K, WANG W, 2013. Optimal trade credit and order quantity when trade credit impacts on both demand rate and default risk[J]. Journal of the Operational Research Society, 64(10):1551-1556.

LOWE J F, MORGAN E J, TOMKINS C R, 1980. Lease finance in industrial markets[J]. Managerial and Decision Economics, 1(3):150-157.

MACKIE-MASON J K, 1990. Do taxes affect corporate financing decisions? [J]. The Journal of Finance, 45(5):1471-1493.

MARSTON F, HARRIS R S, 1988. Substitutability of leases and debt in corporate capital structures[J]. Journal of Accounting, Auditing & Finance, 3(2):147-164.

MATEUT S, ZANCHETTIN P, 2013. Credit sales and advance payments: Substitutes or complements? [J]. Economics Letters, 118(1):173-176.

MAYES D G, NICHOLAS C S, 1988. The economic impact of leasing[M]. Springer.

MCNEILL R B, 1944. The lease as a marketing tool[J]. Harvard Business Review, 22(4): 415-430.

MEHRAN H, TAGGART R A, YERMACK D, 1999. CEO ownership, leasing, and debt financing [J]. Financial Management, 28(2):5-14.

MEHTA D, 1970. Optimal credit policy selection: A dynamic approach[J]. The Journal of Financial and Quantitative Analysis, 5(4/5):421-444.

MERTON R C, 1973. Theory of rational option pricing[J]. The Bell Journal of Economics and Management Science, 4(1):141-183.

MERTON R C, 1974. On the pricing of corporate debt: The risk structure of interest rates[J]. The Journal of Finance, 29(2):449-470.

MIAN S L, SMITH C W, 1992. Accounts receivable management policy: Theory and evidence[J].

The Journal of Finance, 47(1):169-200.

MNZAVA I D, 2008. The significance of tax as a determinant of leasing: Evidence from UK tax changes[J]. Asia-Pacific Business Review, 4(1):3-16.

MOLINA C A, PREVE L A, 2006. Trade receivables policy of distressed firms and its effect on the costs of financial distress[J]. Financial Management, 38(3):663-686.

MUKHERJEE T K, 1991. A survey of corporate leasing analysis[J]. Financial Management, Autumn: 96-107.

MYERS S C, 1977. Determinants of corporate borrowing[J]. Journal of Financial Economics, 5 (2):147-175.

MYERS S C, DILL D A, BAUTISTA A J, 1976. Valuation of financial lease contract[J]. The Journal of Finance, 31(3):799-819.

MYERS S C, MAJLUF N S, 1984. Corporate financing and investment decisions when firms have information that investors do not have[J]. Journal of Financial Economics, 13(2):187-221.

NEWTON R L, 1993. Measuring accounts receivable performance: A comprehensive method[J]. Healthcare Financial Management, 47(5):33-34.

NISKANEN J, NISKANEN M, 2006. The determinants of corporate trade credit policies in a bank-dominated financial environment: The case of Finnish small firms[J]. European Financial Management, 12(1):81-102.

PAUWELS K, SILVA-RISSO J, SRINIVASAN S, et al, 2004. New products, sales promotions and firm value, with application to the automobile industry[J]. Journal of Marketing: 22-38.

PERLOFF J M, SALOP S C, 1985. Equilibrium with product differentiation[J]. The Review of Economic Studies, 52(1):107-120.

PERLOFF J M, SALOP S C, 1986. Firm-specific information, product differentiation, and industry equilibrium[J]. Oxford Economic Papers, 38:184-202.

PETERS, BETTINA, ANJA SCHMIELE, 2011. The contribution of international R&D to firm profitability[J/OL]. IO: Empirical Studies of Firms & Markets eJournal?. https://ssrn.com/abstract=1740464.

PETERSON M A, RAJAN R G, 1997. Trade credit: theories and evidence[J]. The Review of Financial Studies, 10(3):661-691.

PIKE R, CHENG N S, CRAVENS K, LAMMINMAKI D, 2005. Trade credit terms: Asymmetric information and price discrimination evidence from three continents[J]. Journal of Business Finance & Accounting, 32(5-6):1197-1236.

PRAG J, CASAUANT J, 1994. An empirical study of the determinants of revenues and marketing expenditures in the motion picture industry[J]. Journal of Cultural Economics(18):217-235.

RICHARDS V D, LAUGHLIN E J, 1980. A cash conversion cycle approach to liquidity analysis [J]. Financial Management, 9(1):32-38.

ROBICHEAUX S H, FU X, LIGON J A, 2008. Lease financing and corporate governance[J]. The

Financial Review, 43(3):403-437.

SALOP S, STIGLITZ J E, 1982. The theory of sales: A simple model of equilibrium price dispersion with identical agents[J]. The American Economic Review, 72(5):1121-1130.

SCARDIGLI M, 2013. Vendor finance: Giving equipment dealers a strategic edge for growth[N]. Distributor Focus.

SCHALLHEIM J, WELLS K, WHITBY R J, 2013. Do leases expand debt capacity? [J]. Journal of Corporate Finance, 23:368-381.

SCHOLES M S, WILSON G P, WOLFSON M A, 1990. Tax planning, regulatory capital planning, and financial reporting strategy for commercial banks[J]. Rev. Financ. Stud., 3(4):625-650.

SCHWARTZ R A, 1974. An economic model of trade credit[J]. The Journal of Financial and Quantitative Analysis, 9(4):643-657.

SCOTT J H, 1977. Bankruptcy, secured debt, and optimal capital structure[J]. The Journal of Finance, 32(1):1-19.

SHANKER L, 1997. Tax effects and the leasing decisions of Canadian corporations[J]. Canadian Journal of Administrative Sciences / Revue Canadienne Des Sciences De L'administration, 14(2):195-205.

SHARPE S A, NGUYEN H H, 1995. Capital market imperfections and the incentive to lease[J]. Journal of Financial Economics, 39(2-3):271-294.

SHI Y, XU X, 2015. Leasing in China: an overview[J]. The Chinese Economy, 48(5):312-329.

SHI Y, ZHU C, YANG T, 2016. Determinants of accounts receivable: Evidence from equipment manufacturing industry in China[J]. Global Journal of Contemporary Research in Accounting, Auditing and Business Ethics, 2(1):470-476.

SHLEIFER A, VISHNEY R W, 1986. Large shareholders and corporate control[J]. Journal of Political Economy, 94(3):461-488.

SIMANJUNTAK D G, TJANDRAWINATA R R, 2011a. A study on influencers of total sales revenue of generic pharmaceutical companies in indonesia[J]. Munich Personal RePEc Archive, 31628:1-11.

SIMANJUNTAK D G, TJANDRAWINATA R R, 2011b. Factors influencing sales revenue in the multinational pharmaceutical companies[J/OL]. Social Science Electronic Publishing. DOI: 10.2139/ssrn.1898071.

SINGH A, 2013. Is leasing a substitute or complement to debt?: Evidence from the restaurant and retail industry[J]. Journal of Hospitality & Tourism Research, 37(2):155-183.

SMITH C W, WAKEMAN L M, 1985. Determinants of corporate leasing policy[J]. The Journal of Finance, 40(3):895-908.

SMITH C W, WARNER J B, 1979. Bankruptcy, secured debt, and optimal capital structure: Comment[J]. The Journal of Finance, 34(1):247-251.

SMITH J K, 1987. Trade credit and informational asymmetry[J]. The Journal of Finance, 42(4):

863-872.

SMITH W, 2013. Controller's report[R].

SRIDHAR S, NARAYANAN S, SRINIVASAN R, 2014. Dynamic relationships among R&D, advertising, inventory and firm performance[J]. Journal of the Academy of Marketing Science, 42(3):277-290.

SRINIVASAN S, PAUWELS K, HANSSENS D M, et al, 2004. Do promotions benefit manufacturers, retailers, or both? [J]. Management Science, 50(5):617-629.

STICKNEY C P, WEIL R L, WOLFSON M A, 1983. Income taxes and tax-transfer leases: General electric's accounting for a molotov cocktail[J]. The Accounting Review, 58(2):439-459.

STONE B K, 1976. The payments-pattern approach to the forecasting and control of accounts receivable[J]. Financial Management, 5(3):65-82.

STULZ R M, JOHNSON H, 1985. An analysis of secured debt[J]. Journal of Financial Economics, 14(4):501-521.

TENG J, 2002. On the economic order quantity under conditions of permissible delay in payments [J]. The Journal of the Operational Research Society, 53(8):915-918.

VAIDYA R R, 2011. The determinants of trade credit: evidence from Indian manufacturing firms [J]. Modern Economy, 2(5):707.

VARIAN H R, 1980. A model of sales[J]. The American Economic Review, 70(4):651-659.

VOUTSINAS K, WERNER R A, 2011. Credit supply and corporate capital structure: Evidence from Japan[J]. International Review of Financial Analysis, 20(5):320-334.

WELLEN W G, JOHNSON R W, 1972. Better way to monitor accounts receivable[J]. Harvard Business Review, 50(3):101-109.

YAN A, 2006. Leasing and debt financing: Substitutes or complements? [J]. Journal of Financial and Quantitative Analysis, 41(3):709-731.

YAZDANFAR D, ÖHMAN P, 2015. The impact of credit supply on sales growth: Swedish evidence[J]. International Journal of Managerial Finance, 11(3):329-340.

ZHOU Y, ZHOU D, 2013. Determination of the optimal trade credit policy: A supplier-Stackelberg model[J]. Journal of the Operational Research Society, 64(7):1030-1048.

# 后　　记

鄙人不慧，寂寂无闻。年逾而立，异域学成。
趺趺撞撞，踽踽独行。论著付梓，感慨莫名。
蒙师不弃，忝列门中。同门相识，厚谊深情。
尊师史氏，名曰燕平。岁逾天命，谈笑从容。
深耕租赁，业界闻名。桃李芳菲，遍布西东。
西北刘氏，博后若鸿。执掌经开，雷厉风行。
博后徐兄，金球其名。默默无闻，积雪囊萤。
程姊华儿，江南佳人。翩如浮云，矫若惊龙。
熟读法律，据理力争。思维缜密，天衣无缝。
李氏师姊，有名海凤。大姐风范，祖籍豫东。
师兄崔氏，其名佳宁。衷于教育，执教京城。
胡兄永强，娴雅雍容。勤勤恳恳，有始有终。
晓兰徐姊，秀外慧中。贤淑典雅，八面玲珑。
周家有子，周凯其名。家有贤妻，蜀地省城。
伉俪情深，羡煞吾等。发名成业，马到功成。
师妹杨氏，其名曰汀。窈窕丰姿，逸态轻盈。
刘姊玻君，娉婷倩影。滔滔不绝，口齿俐伶。
肖氏有智，志在云凌。乘风破浪，万里鹏程。
丙申暮冬，求学英伦。结识诸君，吾之幸甚。
外导高师，满腹经纶。倾囊相授，谈古论今。
鹏飞柳氏，楚楚动人。长发及腰，风鬟雾鬓。
周兄倜然，威风凛凛。江南才俊，飘逸宁人。

塞北江南，张家少勇。饱谙世故，后返高门。

鲁地王烁，妙趣横生。风流倜傥，鹤立鸡群。

求学廿载，离乡多年。父母恩情，天高地远。

年逾花甲，未曾承欢。每念父母，内心愧然。

兄妹情深，妹甘挑担。此情不忘，永记心田。

朱成科